유라시아 4개국 여행회화

중국 🛡

러시아 🛡

일본 🛡

영국 🛡

유라시아 4개국 **여행회화**

인쇄일 | 2019년 10월 15일
발행일 | 2019년 10월 25일

지은이 | 어학연구소 저
감　수 | 차종환(한미 교육연구원 원장) 박사
대　표 | 장삼기
펴낸이 | 백선영
펴낸곳 | 도서출판 사사연

등록번호 | 제10 − 1912호
등록일 | 2000년 2월 8일
주소 | 서울시 강서구 화곡동 355-14 위하우스 A동 601호
전화 | 02-393-2510, 010-4413-0870
팩스 | 02-393-2511

인쇄 | 성실인쇄
제본 | 동신제책사
홈페이지 | www.ssyeun.co.kr
이메일 | sasayon@naver.com

임시특가　12,000원
ISBN 979-11-89137-04-5　03900

* 이 책은 저작권법에 따라 보호받는 저작물이므로 내용 및 이미지를 사전 승인 없이 무단전재 및 재배포 하는 경우, 관련 법령에 의거 제재를 받을 수 있습니다.
illustrator ⓒall-free-download.com

* 잘못 만들어진 책은 바꿔 드립니다.

해외여행 필수품

유라시아
4개국

중국
러시아
일본
영국

去机场要
几分钟？

여행회화

우리말
발음과 함께
쉽게 배우는~

어떤장소에서도 OK!

お名前は
何ですか？

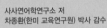

인사 / 공항 / 입국 시 / 호텔 / 음식점
교통 / 관광 / 쇼핑 / 통신 / 사건·사고 시 / 귀국 시

사사연어학연구소 저
차종환(한미 교육연구원) 박사 감수

Можно
оплатить
кредитной
картой？

あなたの旅行の
目的は何ですか？

도서출판
사사연

머리말

  유라시아 4개국(중국 · 러시아 · 일본 · 영국)여행회화는 해외여행시 자주 막히는 대화별 여행회화를 각 상황별로 엄선하여 글자마다 우리말 발음을 달아, 각국의 글자나 문법을 전혀 몰라도 누구나 당황하지 않고 쉽고 재미있게 해외여행을 할 수 있도록 하였습니다.

  또 각 주제별로 단어만 알아도 소통할 수 있도록 단어를 정리하였습니다!

  '유라시아 4개국 여행회화'는 여러분의 여행에 충실한 반려자로서 여행의 즐거움을 드릴 것입니다.

사사연 어학연구소
차종환(한미 교육연구원) 박사

유라시아 4개국 여행회화의 특징

1. 유라시아 4개국 여행회화는 여행에서 필요한 여러 가지 상황
들을 엄선하여 초보자도 쉽게 활용할 수 있도록 하였습니다.

2. 유라시아 4개국 여행회화는 여러 가지 상황(인사 · 공항 입국
시 · 호텔 · 음식점 · 교통 · 관광 · 쇼핑 · 통신 · 사건 사고 시 · 공
항 귀국 시)에서 일어날 수 있는 여러 가지 예제를 담았습니다.

3. 유라시아 4개국 여행회화는 쉽고 흥미 있게 공부할 수 있도
록 글자마다 우리말 발음을 달아, 각국의 글자나 문법을 전
혀 몰라도 누구나 당황하지 않고 쉽고 재미있게 해외여행을
할 수 있도록 하였습니다. 또 각 주제별로 단어만 알아도 소
통할 수 있도록 단어를 정리하였습니다.

4. 유라시아 4개국 여행회화는 처음 외국을 나가는 여행객들에
게 「사사연어학연구소」가 드리는 충실한 여행 동반자 될 것
입니다.

CONTENTS

 ## 중국 여행에서 필요한 표현

러시아 여행에서 필요한 표현

CONTENTS

 ## 일본 여행에서 필요한 표현

영국 여행에서 필요한 표현

중국

우루무치

하얼빈

베이징

란저우

칭다오

라싸

청두

상하이

광저우

여행에서

필요한 표현

01. 안녕하십니까? (아침)

早上好。

자오 상 하오

02. 안녕하십니까? (오후)

下午好。

샤 우 하오

03. 안녕하십니까? (저녁)

晚上好。

완 쌍 하오

04. 안녕히 계세요.

再见。

짜이 쩬

05. 안녕히 주무세요.

晚安。

완 안

06. 만나게 되어 반갑습니다.
见到你（您）很高兴。
쩬 따오 니　（닌）　헌 가오 싱

07. 또 만납시다.
期待下次见面。
치 다이 샤 츠 쟌 먠

14

08. 어떻게 지냈어요?
过得怎么样?
궈 더 전 머 양

09. 건강을 빕니다.
祝你（您）健康。
쭈 니　（닌）　쪤 캉

10. 감사합니다.
谢谢。
쎄 세

11. 아무것도 아니에요(천만에요).
不客气。
부 커 치

12. 실례합니다.
打扰一下。
따 러 이 쌰

13. 좋습니다.
好。
하오

15

14. 매우 좋습니다.
很好。
헌 하오

15. 괜찮습니다. 근사합니다.
可以。
커 이

16. 부탁합니다.

拜托了。

빠이 튀 러

---

17. 긍정적인 표현

是。 / 是的。

쓰   쓰 더

16

18. 부정적인 표현

不。 / 不是。

뿌   부 쓰

---

19. 저의 이름은 ~입니다.

我的名字叫~。

워 떠 밍 쯔 쟈오우~

---

20. 이름은 무엇입니까?

请问您贵姓?

칭운니 (닌) 꾸이 씽

21. 잠시만 기다려주세요.

请等一下。

칭 덩 이 쌰

22. 행운을 빕니다.

祝你（您）好运。

쭈 니 　　（닌）　 하오 원

17

입국

01. 여행 목적은 무엇입니까?
旅行目的是什么?
뤼 싱 무 더 쓰 선 머

02. 관광(비즈니스)입니다.
旅游（商务）。
류 우 　　　(상우)

18

03. 며칠(얼마) 동안 머물 예정입니까?
你（您）打算住多少天?
니 　(닌) 　다 쫜 쭈 둬 소우 텐

04. 약 2주간입니다.
大约两周。
따 위에 량 저우

05. 신고해야 할 물건이 있습니까?
有没有须要申报的物品?
유 머이유 쉬 이오 선 뽀우더 우 핀

06. 없습니다. (있습니다.)

没有（有）。

머이유 （유）

07. 친구들에게 줄 선물입니다.

是送给朋友们的礼物。

쓰 송 거 이 펀 유 더 리 우

08. 환전은 어디에서 합니까?

在哪儿换钱?

짜이 날 환 첸

19

09. 중국돈으로 바꿔 주십시오.

请换成人民币吧。

칭 환 성 런 민 삐 빠

10. 관광 안내소는 어디에 있습니까?

请问旅游咨询处在哪儿?

칭 원 뤼 유 쯔 쉰 추 짜이 날?

11. 시내(중국교통) 지도가 있습니까?

有市区（中国交通）地图吗?

유 쓰 취 (중 궈 죠우 통) 띠 투 마

---

12. 시내로 가는 버스가 있습니까?

有去市区的公交车吗?

유 취 쓰 취 더 꿍 지오 처 마

20

13. (주소를 보여주며) 이곳으로 가주십시오.

我要到这儿。

워 야오따오 쪌

---

14. 얼마입니까?

多少钱?

뒤 소우 첸

---

15. 택시는 어디서 탑니까?

在哪儿坐出租车?

짜이 날 줘 추 주 처

16. ~호텔로 가 주십시오.

请去~宾馆。
칭 취   빈 관

17. 수화물은 어디서 찾습니까?

行李在哪儿取?
싱 리 짜이 날 취

21

단어만 말해도 통한다

공항	**机场** 지 창
수화물증	**行李票** 싱 리 표
여권	**护照** 후 쬬우
입국심사	**入境审查** 루 찡 선 차
세관 신고서	**海关申报单** 하이 관 선 보우 딴
수화물	**行李** 싱 리
바꾸다	**换** 환
현금	**现金** 쎈 진

단어만 말해도 통한다

잔돈	零钱 링 첸
요금	费用 페이 융
택시	出租车 추 주 처
버스	公共汽车 (公交车) 꿍 꿍 치 처 (꿍 지오 처)
여관	旅店 뤼 뗸
호텔	酒店 지우 뗸
환전소	外币兑换处 와이 삐 뛔이 후안 추

01. 너무 비싸지 않은 호텔을 찾고 있어요.

请给我介绍一家不太贵的酒店。

칭거이 워 쩨싸오 이지아 부 타이귀 더 지우뗀

02. 오늘 밤(에) 호텔로 숙소를 예약하고 싶습니다.

我想订一间今晚的酒店房间。

워 시앙 딩 이 지안 진완 더 지우뗀 프앙 지안

03. 욕실(샤워실)이 달린 방으로 하고 싶습니다.

我要带洗澡间（淋浴间）的房间。

워 야오 따이 시 쨔오 지앤 （린 위 지앤）   더 프앙 지안

24

04. 하룻밤 숙박료가 얼마입니까?

住一宿多少钱？

쭈 이 시유 둬 소우 첸

05. 싱글 룸(트윈 룸)을 원합니다.

要单人（双人）房。

야오 딴 런   （쌍런）   프앙

06. 체크인 해 주십시오.
请办理住宿登记。
칭 빤 리 쭈 쑤 땡 찌

07. 식당은 어디에 있습니까?
餐厅在哪里?
찬 팅 짜이 나 리

08. 식당은 몇 시에 엽니까?
餐厅几点开饭?
찬 팅 지디안 카이프안

09. 여기서 관광버스 표를 살 수 있습니까?
在这里能买观光巴士车票吗?
짜이 쩌 리 넝 마이 관광 빠스 처 퍄오 마

10. 공항까지 택시로 몇 분 정도 걸립니까?
去机场要几分钟?
취 지 창 요우지 프언 중

11. 숙소를 하루 더 연장하고 싶습니다.

我要再住一天。

워 야오 짜이 쭈 이 텐

---

12. 체크아웃 시간은 몇 시입니까?

退房时间是几点?

트위프앙 쓰지안 쓰 찌띠안

단어만 말해도 통한다

예약	**订房** 떵 프앙	
1인실	**单人房** 딴 런 프앙	
2인실	**双人房** 쐉 런 프앙	
욕실이 있는	**带洗澡间** 따이 시 조우 젠	
열쇠	**钥匙** 야오 스	
아침식사	**早饭** 자오 프안	
점심식사	**午饭** 우 프안	
저녁식사	**晚饭** 완 프안	

단어만 말해도 통한다

로비	大厅
	따 팅

몇 층	几楼
	지 로우

비상구	紧急出口
	찐 찌 추 커우

지배인	经理
	징 리

영수증	发票
	서우 쮜

식당	餐厅
	찬 팅

화장실	洗手间
	시 소우 젠

온수	温水
	원 수이

단어만 말해도 통한다

전화	**电话** 뗀 화
택시	**出租车** 추 주 처
시내통화	**市内电话** 스 네이 뗀 화
장거리 통화	**长途电话** 창 투 뗀 화
국제전화	**国际电话** 궈 찌 뗀 화
팩스	**传真** 촨 전
전화요금	**电话费** 뗀 화 페이
우편물	**包裹** 바오 궈

| 귀중품 | **貴重物品** |
| | 귀 중 우 핀 |

| 이발소 | **理发店** |
| | 리 프아 뗀 |

| 미용실 | **美容室** |
| | 메이 룽쓰 |

30

01. (식당주소를 가리키며) 그곳에 어떻게 가야 합니까?

去这里怎么走?

취 쩌 리 전 머 저우?

02. 이 지역의 특산 요리는 무엇입니까?

本地特色风味是什么?

번 띠 터 써 프엉 월 쓰 선 머

03. 저렴한 가격의 음식점을 소개 받고 싶습니다.

请介绍一家价格便宜的饭店。

칭 지에소 이지아 지아거 피안이 더 프안뗸

04. 예약이 필요합니까?

需要预约吗?

쉬 야오 위 웨 마

05. 몇 시까지 합니까?

请问，几点关门?

칭 원 지 뎬 관 먼

06. 어느 정도 기다려야 합니까?

要等多长时间?

야오 덩 둬 창 스 젠

07. 메뉴판을 보여 주세요.

请给我看下菜单。

칭 께이 워 칸 시아 차이 딴

08. 가장 자신 있는 요리는 무엇입니까?

拿手的好菜是什么?

나 소우 더 하오차이 쓰 선 머

09. 저는 정식메뉴로 하겠습니다.

我要套餐。

워 야오타오 찬

10. 이것은 어떤 요리입니까?

这是什么菜?

쩌 스 선 머 차이

11. 먹는 방법을 알려 주십시오.

请告诉我吃法。

칭 까오 수 워 츠 프아

12. 미네랄워터를 주십시오.

请给我一瓶矿泉水。

칭 거이 워 이 핑 쾅 췬 수이

13. 정말 맛있습니다.

很好吃。

헌 하오 츠

14. 계산 좀 부탁합니다.

请算账。

칭 쏸 짱

15. 전부 얼마입니까?

一共多少钱?

이 꿍 둬 사오 첸

16. 신용카드도 사용할 수 있습니까?

可以刷信用卡吗?

커 이 수아 신 융 카 마

---

17. 이것과 같은 것으로 주세요.

请给我跟这个一样的。

칭 거 이워 건 쩌거 이 양 더

---

18. 이 근처에 있는 좋은 음식점(맛집)을 소개해 주세요.

请介绍一下这附近的好餐厅

칭 지에소 이시아 쩌 푸 진 더 하오 찬 팅 (메이 쓰 덴)

(美食店)。

단어만 말해도 통한다

식당	餐厅 찬팅
사천요리	四川菜 쓰 촨 차이
정식	套餐 타오 찬

패스트 푸드	快餐 콰이 찬
서양요리	西餐 시 찬
생선요리	鱼 위
새우	虾 샤

장어	鳗鱼 만 위

단어만 말해도 통한다

쇠고기	**牛肉** 뉴 러우	
돼지고기	**猪肉** 주 러우	
닭고기	**鸡肉** 지 러우	
양고기	**羊肉** 양 러우	
갈비	**排骨** 파이 구	
오이	**黄瓜** 황 과	
샐러리	**芹菜** 친 차이	
피망	**青椒** 칭 쟈오	

단어만 말해도 통한다

시금치 **菠菜**
버 차이

면요리 **面条**
미안티오

당근 **胡萝卜**
후뤄버

표고버섯 **香菇**
샹구

감자 **土豆**
투 떠우

콩 **大豆**
따떠우

두부 **豆腐**
떠우 프

당면 **粉条**
프언 탸오

단어만 말해도 통한다

볶음밥	炒饭 ᄎ오프안
만두	饺子 쟈오 쯔
옥수수	玉米 위 미
토마토	西红柿 시 훙 쓰
매운고추	辣椒 라 쟈오
과일	水果 수이 궈
사과	苹果 핑 궈
배	梨 리

단어만 말해도 통한다

귤	桔子 쥐즈
딸기	草莓 차오 메이

복숭아	桃 타오

포도	葡萄 푸 타오

39

수박	西瓜 시 과
참외	甜瓜 톈 과
레몬	柠檬 닝 멍
파인애플	菠萝 보 뤄

단어만 말해도 통한다

구운	**烤的** 카오 더	
찐	**蒸的** 쩡 더	
튀긴	**炸的** 짜 더	
소금	**盐** 이엔	
간장	**酱油** 쨩 이유	
식초	**醋** 추	
된장	**大酱** 따 쨩	
참기름	**香油** 샹 이유	

40

단어만 말해도 통한다

음료수	**饮料** 인 랴오	
탄산음료	**汽水** 치 수이	
코카콜라	**可口可乐** 커 코우 커 러	
술	**酒** 지우	
맥주	**啤酒** 피 지우	
위스키	**威士忌** 워이 스 찌	
브랜디	**白兰地** 바이 란 띠	

01. 기차역은 어떻게 가야 합니까?
去火车站怎么走?
취 훠 처 짠 전 머 저우

02. 매표소는 어디입니까?
请问，售票处在哪?
칭 원　　서우표우 추 짜이 나

42

03. ~행 표를 주십시오.
请给我到~的车票
칭 거이 워 따오 더 처 퍄오

04. 얼마입니까?
票价是多少?
퍄오 쨔 쓰 둬 사오

05. 출발 시간은 몇 시입니까?
几点开车?
지 덴 카이 처

06. 좌석이 있습니까?

有座位吗?

유 쭤 워이 마

---

07. 다음 정거장은 어디입니까?

下一站是哪里?

샤 이 즈안 쓰 나 리

---

08. 택시 승강장은 어디입니까?

出租车乘车点在哪里?

추 주 처 청 처 뎬 짜이 나 리

---

09. 관광배가 있습니까?

有旅游船吗?

유 뤼 이유 촨 마

---

10. 배는 어디에서 탑니까?

在哪儿上船呢?

짜이 날 쌍 촨 너

11. 출항은 몇 시입니까?
几点发船?
찌 덴 파 챤

12. 지하철역은 어떻게 가야 합니까?
去地铁站怎么走?
취 띠 티에 짠 전 머 저우

44

13. 표는 어디에서 삽니까?
在哪儿买票呢?
짜이 나얼(날) 마이 파오 너

14. ~로 가는 버스는 어느 것입니까?
几路公交车是去~的?
지 루 꿍지오 처 쓰 취~ 더?

15. 도착하면 알려주세요.
到~站请告诉我一声。
따오 짠 칭 까오 수 워 이 성

단어만 말해도 통한다

안내소	**询问处** 쉰 원 추	
역	**车站** 처 짠	
개찰구	**检票口** 젠 퍄오 코우	
입구	**入口** 루 코우	
출구	**出口** 추 코우	
요금	**费用** 페이 융	
환승	**换乘** 환 청	
탑승권	**机票** 지 퍄오	

단어만 말해도 통한다

버스 정거장	公交站点
	꿍 지요 짠 디안

거스름돈	找零
	짜오 링

편도	单程
	딴 청

왕복	往返
	왕 프안

46

렌터카	出租汽车
	추 주 치 처

주유소	加油站
	쟈 유 짠

주차장	停车场
	팅 처 창

고속도로	高速公路
	가오 쑤 궁 루

단어만 말해도 통한다

좌측	**左边** 쥐 벤	
우측	**右边** 이유 벤	
뒤쪽	**后边** 호우 벤	
분실물	**遗失物品** 이 스우 핀	
성인	**成年人** 청 니안 런	
어린이	**儿童** 얼 통	

01. 관광 안내소는 어디에 있습니까?

旅游咨询处在哪?

뤼 유 쯔 췬 추 짜이 나?

02. 관광지도가 있습니까?

有旅游地图吗?

유 뤼 유 띠 투 마

48

03. 저는 ~을 보고 싶습니다.

我想去~参观。

워 샹 취   찬 관

04. 경치가 좋은 곳은 어디입니까?

哪里的风景好呢?

나 리 더 프엉 징 하오 너

05. 여기에서 걸어서 갈 수 있습니까?

能走着去吗?

넝 조우 저 취 마

06. 여기서 멉니까?

离这儿远吗?

리 쩌 얼 웬 마

07. 버스로 갈 수 있습니까?

能坐公交车去吗?

넝 쮜 꿍 지오 처 취 마

08. 이곳에 주소를 적어 주십시오.

那里的地址能写给我吗?

나 리 더 띠 쯔 넝 세 거이 워 마

49

09. 입장료는 얼마입니까?

门票多少钱?

먼 퍄오 둬사오 첸

10. 1일 (반나절) 코스가 있습니까?

有一日 (半日) 游吗?

유 이 르 (반르) 유 마

11. 인기 좋은 투어를 소개해 주십시오.
请您介绍一下受欢迎的旅游路线。
칭 닌 쩨 싸오 이 샤 쏘우 환 잉 더 뤼 유 루 쎈

12. 식사는 포함되어 있습니까?
包括吃饭吗?
바오 쿼 츠 프안 마

50

13. 어디에서 출발합니까?
从哪出发?
충 나 추 프아

14. 몇 시에 출발합니까?
几点出发?
지 뎬 추 프아

15. 투어는 몇 시에 끝나나요?
观光大约几点结束?
관 광 따 위에 지 뎬 찌에 수

16. 택시로 관광하고 싶습니다.

我想坐出租车旅游。

워 샹 쭤 추 주 처 뤼 유

---

17. 사진을 찍어도 좋습니까?

可以照相吗?

커 이 짜오 썅 마

---

18. 기념품 가게는 어디에 있습니까?

有卖纪念品的地方吗?

유 마이찌 녠 핀 더 띠 프앙 마

51

---

19. 감사합니다. 오늘 정말 즐거웠습니다.

今天玩儿得很高兴。谢谢!

진 톈 완 얼 더 헌 가오 씽   쎼 세

---

20. 길을 잃어버렸습니다.

请问，这是哪?

칭 원   쩌 쓰 나

21. 화장실은 어디에 있습니까?
这附近有公共厕所吗?
쩌 프우 찐 유 궁 꿍 처 쉬 마

22. 이 근처에 미술관이 있나요?
这附近有美术馆吗?
쩌 프우찐 유 메이쑤 관 마

52

23. 저와 함께 사진을 찍어 주시겠습니까?
可以和我一起合张影吗?
커 이 허 워 이 치 허 장 잉 마

24. 사진을 보내겠습니다.
我把相片给你邮去。
워 바 썅 펜 거이 니 유 취

25. 이메일주소를 이곳에 적어 주십시오.
请在这写下您的电子邮箱地址。
칭 짜이쩌 세 쌰 닌 더 덴 쯔 유 시앙 띠 즈

관광

26. 여기에서 가장 가까운 지하철 역은 어디입니까?

离这里最近的地铁站在哪儿?

리 쩌 리 쭈에 진 더 띠 테 짠 짜이 날

---

27. 어떤 종류의 투어가 있습니까?

有哪种类型的观光呢?

유 나 쭝 레이씽 더 관 광 너

---

28. 몇 시까지 버스로 돌아와야 합니까?

最晚几点坐公交车回来呢?

쭈에 완 찌 덴 줘 꿍 지오 처 후이 라이 너

53

단어만 말해도 통한다

관광	**旅游** 뤼 유
입장권	**门票** 먼 퍄오
유람선	**游船** 유 촨
안내원	**向导员** 샹 다오 웬
명소	**名胜** 밍 셩
공원	**公园** 공 위안
미술관	**美术馆** 머이 쑤 관
박물관	**博物馆** 보 우 관

단어만 말해도 통한다

관광지도	旅游地图 뤼 유 띠 투	
산책	散步 싼 부	
동물원	动物园 뚱 우 위안	
식물원	植物园 쯔 우 위안	
유원지	游乐园 유 러 위안	
극장	剧场 쮜 창	
영화	电影 뗸 잉	
축제	庆典 칭 뎬	

교회	**教堂**
	쨔오 탕

탑	**塔**
	타

호수	**湖**
	후

강	**河**
	허

바다	**海**
	하이

택시	**出租车**
	추주처

항구	**港口**
	강 코우

산	**山**
	산

경찰서	公安局 궁 안 쥐	
우체국	邮电局 유 뗀 쥐	
연주회	演奏会 이안쩌우후이	
입장료	门票费 먼 퍄오 페이	
서점	书店 수 뗀	
도서관	图书馆 투 수 관	

01. 이 근처에 백화점이 있습니까?

请问，附近有超市吗?

칭 원　프우 찐 유 차오 쓰 마

02. 이 근처에 슈퍼마켓이 있습니까?

这里有超市吗?

쩌 저 유 초우 쓰 마

58

03. 이곳의 특산물은 무엇입니까?

请问，这里有什么特产?

칭 원　쩌 리 유 선 머 터 찬

04. 면세점이 있습니까?

这里有免税店吗?

쩌 리 유 멘 씨우 뗀 마

05. 잠깐 구경하고 있습니다. 감사합니다.

我只是看看。谢谢。

워 쯔 쓰 칸 칸　쎄 세

06. 다른 것을 보여 주세요.

请给我看看别的。

칭 거이 워 칸 칸 베 더

07. 만져 봐도 되겠습니까?

可以摸摸吗?

커 이 모 모 마

08. 이것과 같은 물건이 있습니까?

跟这个一样的有吗?

건 쩌 꺼 이 양 더 유 마

09. 입어 봐도 되겠습니까?

可以试穿吗?

커 이 쓰 챤 마

10. 이걸로 주십시오.

我买这个。

워 마이 쩌 거

11. 선물용으로 포장해 주시겠습니까?

这个我要送人，请给我包起来。

쩌 거 워 이오 송 런 칭 거 이 워 바오 치 라 이

---

12. 가격을 조금 싸게 해줄 수 있습니까?

能不能便宜一点?

넝 부 넝 펜 이 이 덴

---

13. 영수증도 함께 주십시오.

发票也请一起给我。

파 퍄오 예 칭 이 치 거 이 워

단어만 말해도 통한다

백화점	百货商店 베이 휘 상 뎬	
슈퍼마켓	超市 차오 쓰	
지갑	钱包 쳰 바오	
안경	眼镜 이엔 찡	
장난감	玩具 완 쮜	
남성복	男装 난 쫭	
여성복	女装 뉘 쫭	
아동복	童装 통 쫭	

61

유아복	**幼儿服装**
	유 얼 푸 쫭

양말	**袜子**
	와 즈

손수건	**手绢**
	소우 롄

스카프	**丝巾**
	쓰 진

장갑	**手套**
	소우 타오

넥타이	**领带**
	링 따이

모자	**帽子**
	마오 즈

시계	**手表**
	소우 뱌우

반지	**戒指** 쩨즈
귀걸이	**耳环** 얼환
브로치	**胸针** 슝전
보석	**宝石** 바오스
금	**金子** 진즈
은	**银子** 인즈
향수	**香水** 샹수이
비누	**香皂** 샹짜오

단어만 말해도 통한다

만년필	**钢笔**	
	깡 비	
볼펜	**圆珠笔**	
	웬주 비	
봉투	**信封**	
	씬 프엉	
우산	**雨伞**	
	위 산	
긴/짧은	**长 / 短**	
	창 / 돤	
큰/작은	**大 / 小**	
	따 / 샤오	
넓은/좁은	**宽 / 窄**	
	콴 / 자이	
두꺼운 /얇은	**厚 / 薄**	
	허우 / 바오	

단어만 말해도 통한다

흑색	**黑色** 허이 써	
흰색	**白色** 바이 써	
빨강	**红色** 훙 써	
파랑	**蓝色** 란 써	
노랑	**黄色** 황 써	
분홍	**粉红色** 프언 훙 써	
녹색	**绿色** 뤼 써	
보라색	**紫色** 즈 써	

회색	**灰色** 후이 써
갈색	**褐色** 허 써
면	**棉布** 멘 뿌
마	**麻布** 마 뿌
견	**丝绸** 스 처우
가죽	**皮革** 피 거
면세	**免税** 미안 쉐이
구두가게	**鞋店** 세 뗀

보석가게	**珠宝店**
	주 바오 뗀

카메라	**照相机**
	짜오 샹 지

핸드폰	**手机**
	소우 지

영수증	**发票**
	파 퍄오

식료품점	**副食品商店**
	프 스 핀 상 뗀

약국	**药店**
	야오 뗀

현금	**现金**
	쎈 진

여행자 수표	**旅行支票**
	뤼 싱 즈 퍄오

비싼	**贵** 꾸이

싼	**便宜** 펜이

할인	**减价** 젠 쨔

68

01. 공중전화기는 어디에 있습니까?

请问，哪里有公用电话?

칭 원,　　나 리 요우 꽁 용 띠앤 후아

02. 여보세요 ~입니까?

喂，是~吗?

워이　　쓰　　마

03. ~씨를 부탁합니다.

是~先生吗?

쓰　셴 성 마

04. 저는 ~입니다.

我是~。

워 쓰

05. 다시 한번 말씀해 주세요.

请再说一遍。

칭 짜이 쉬 이 뺸

06. 그(그녀)가 언제쯤 돌아옵니까?

他（她）什么时候回来？

타 （타） 선 머 스허우 후이라이

07. 중요한 전화 통화입니다.

这个电话很重要。

쩌 거 덴 화 헌 종 요

70

08. 저에게 전화해 달라고 전해 주십시오.

请让他给我打电话。

칭 랑 타 거이 워 따 덴 화

09. 죄송합니다. 제가 전화를 잘못 걸었습니다.

对不起，我打错了。

뚜이 부 치 워 다 춰 러

10. ~로 국제 전화를 걸고 싶습니다.

我想给~打国际电话。

워 샹거이 따 궈 찌 덴 화

11. 수신자 부담으로 전화를 걸려고 합니다.

我想打接听方付费电话。

워 샹 따 지에팅 프앙 푸페이 뎬화

12. 요금은 제가 지불하겠습니다.

电话费由我付。

뎬 화 페이유 워 푸

13. 우체국은 어디에 있습니까?

邮局在哪?

유 쥐 짜이 나

14. 그것을 속달로 보내주세요.

请用快件寄出。

칭 융 콰이지안 찌 추

공중전화	**公用电话** 궁 융 뗀화	
우체국	**邮局** 유 쮜	
시내전화	**市内电话** 쓰 너이 뗀화	
장거리 전화	**长途电话** 창 투 뗀화	
국제전화	**国际电话** 궈 찌 뗀화	
핸드폰	**手机** 써우 찌	
요금	**电话费** 뗀화 페이	
소포	**包裹** 바오 궈	

우표	**邮票**
	유 퍄오

속달	**快递**
	콰이 띠

봉투	**信封**
	씬 프엉

주소	**地址**
	띠 즈

전화번호	**电话号码**
	뗀 화 하오 마

취급주의	**轻拿轻放**
	칭 나 칭 프앙

01. 여권을 잃어버렸습니다.
我的护照丢了。
워 더 후짜오 디유러

02. 지갑을 도난당했습니다.
我的钱包被偷了。
워 더 첸바오 베이터우 러

03. 경찰서는 어디에 있습니까?
公安局在哪?
꽁 안 쥐 짜이 나

74

04. 그것을 찾도록 도와주세요.
请帮我找一找。
칭 방 워 자오 이 자오

05. 언제쯤 연락받을 수 있습니까?
什么时候给我回信?
선 머 스 허우거이 워 후이 씬

06. 사고 증명서를 주십시오.
请帮我开一张事故证明。
칭 빵 워 카이 이 장 스 꾸 쩡 밍

07. (한국) 대사관은 어디에 있습니까?
~大使馆在哪?
따 스 관 짜이 나

08. 도와주세요(긴급상황)!
请帮帮我!
칭 빵 빵 워

75

09. 도둑이야! 잡아라!
小偷啊! 快抓住他啊!
쌰오 터우아　　콰이 쫘쭈 타 아

10. 경찰을 불러 주십시오.
请赶快叫警察。
칭 간 콰이쨔오 징 차

11. 교통사고가 났습니다.
发生交通事故了。
프아 성 쟈오 퉁 쓰 구 러

12. 병원으로 데려가 주십시오.
请带我去医院。
칭 따이워 취 이 위안

76

13. 여기가 아픕니다.
这儿疼。
쩌 얼 텅

14. 서둘러 주십시오.
请快一点儿。
칭 콰 이 디 엘

15. 응급조치를 부탁합니다.
请给我做急救处理。
칭 거이워 쭤 찌 지유 추 리

16. 약국은 어디에 있습니까?

请问药店在哪儿?

칭 원 야오 덴 짜이 날

---

17. 의사를 불러 주십시오.

请叫一下大夫。

칭 짜오 이 쌰 따이 푸

---

18. 열이 있습니다.

有点儿发烧。

유 델　　프아사오

77

---

19. 한기가 있습니다.

有点儿发冷。

유 디 엘 프아 렁

---

20. 현기증이 납니다.

头晕。

터우 훈

21. 감기에 걸린 것 같습니다.
好像感冒了。
하오 썅 간 마오 러

22. 저는 ~에 알레르기가 있습니다.
我对~过敏。
워 두에 궈 민

78

23. 발목을 삐었습니다.
脚腕崴了。
쟈오완 우에 러

24. 진단서를 주십시오.
请给我开诊断书吧。
칭 거이 워 까이 전 똰 수 바

25. 처방전을 적어 주세요.
请给我开药单。
칭 거이워 카이 야오딴

26. 이것과 같은 약을 주십시오.

请给我跟这个一样的药。

칭 거이워 건 쩌 거 이 양 더 야오

27. 약은 어떻게 먹습니까?

这个药怎么吃?

쩌 거 야오 전 머 츠

28. 이 처방전의 약을 주십시오.

请给我这个药单上的药。

칭 거이워 쩌 거 야오딴 상더 야오

79

29. 주사를 놓습니까?

要打针吗?

야오 다 쩐 마

단어만 말해도 통한다

의사	**大夫**
	따이 푸

약국	**药店**
	야오 뗀

병원	**医院**
	이 웬

소화불량	**消化不良**
	쇼 화 뿌 량

처방전	**药单**
	야오 딴

체온계	**体温计**
	티 운 찌

열	**发烧**
	파 사오

01. ~행 비행기를 예약하고 싶습니다.

我要预订一张到~的机票。

워 야오 위 띵 이 장 따오 더 지 퍄오

02. 몇 시부터 탑승이 시작됩니까?

几点开始登机?

찌 덴 카이스 등 지

03. 그걸로 예약해 주십시오.

请给我订那个。

칭 거이워 띵 나 거

04. 다음 ~행 비행기는 언제입니까?

下一班到~的飞机是几点?

샤 이반 따오 더 페이지 스 찌덴

05. ~항공의 카운터는 어디입니까?

~航空的窗口在哪儿?

항 콩 더 촹 커우 짜이 날

06. 비행기 편명과 시간을 알려 주십시오.

请告诉我飞机航班和时间。

칭 가오수 워 페이지 황반 허 스 지안

---

07. 창가(통로 측) 자리로 예약해주세요.

我要靠窗（过道）的座位。

워 야오카오 촹 （꿔 따오） 더 쭤 워이

---

08. 등록 할 수화물이 없습니다.

没有托运的行李。

머이 유 퉈 윈 더 싱 리

82

---

09. 초과 요금은 얼마입니까?

超重要付多少钱?

차오 쭝 야오 프 둬 사오 첸

단어만 말해도 통한다

항공권	**飞机票** 페이 지 퍄오	
탑승권	**登机牌** 떵 지 파이	
공항	**机场** 지 창	
예약	**预约** 위 위에	
편명	**航班** 항 반	
목적지	**目的地** 무 띠 디	
항공회사	**航空公司** 항 쿵 궁스	

러시아

모스크바

소치

야쿠츠크

사할린

노보시비르스크

이르쿠츠크

블라디보스토크

여행에서
필요한 표현

01. 안녕하십니까? (아침)
Доброе утро.
도브로에 우뜨라

02. 안녕하십니까? (오후)
Добрый день.
도브르이 젠

03. 안녕하십니까? (저녁)
Добрый вечер.
도브르이 베체르

04. 처음 뵙겠습니다.
Рад познакомиться с Вами.
라드 빠즈나꼬밋짜 스 바미

05. 안녕히 계세요.
Всего доброго.
브셰보 도브라바

06. 또 만납시다.

До свидания.
다　　　스비다니야

07. 좋은 하루 보내세요.

Доброго дня.
도브라바　　　드냐

08. 안녕히 주무세요.

Спокойной ночи.
스포코이너이　　　너치

09. 감사합니다.

Спасибо.
스빠시바

10. 아무것도 아니에요(천만에요).

Не за что.
녜　　자　쉬또

11. 만나게 되어 반갑습니다.
Приятно познакомиться.
쁘리야뜨나　　　　빠즈나꼬밋짜

12. 죄송합니다.
Извините.
이즈비니쪠

13. 어떻게 지냈어요?
Как дела?
각 델라?

14. 제 잘못입니다.
Это всё моя вина.
에따　　브쑈　　마야　　빈나

15. 네.
Хорошо. / Отлично.
하라쇼　　／　　아뜰리치나

16. 아니요.
Нет.
하라쇼

17. 잠시만 기다려주세요.
Подождите минуту.
포도찌디테　　미누투

90

18. 이름은 무엇입니까?
Как вас зовут?
각　　바쓰　　자붓

19. 저의 이름은 ~입니다.
Меня зовут ~
미냐　　자붓

20. 부탁합니다.
Можно попросить?
모쥐나　　빠프라시찌

21. 실례합니다.

Простите.

쁘라스찌쩨

22. 한번 더 말씀해 주세요.

Скажите ещё раз, пожалуйста.

스카쥐쩨   이쇼   라스   빠좔루이스타

23. 괜찮습니다. 감사합니다.

Нет, спасибо.

넷   스빠시바

01. 여권을 보여주시겠습니까?

Покажите, пожалуйста, ваш паспорт.

빠까쥐쩨   빠좔루이스타   바쉬   빠스쁘르뜨

---

02. 방문 목적은 무엇입니까?

Какова цель вашей поездки?

까까바   쩰   바쉐이   빠예즈드끼

92

03. 관광(비즈니스)입니다.

Цель моей поездки – туризм (бизнес).

쩰   마예이   빠예즈드끼뚜리즘   (비즈니스)

---

04. 어디에 머물 예정인가요?

Где вы остановитесь?

그제   비   아스타나비쩨씨

---

05. ~(호텔명) 호텔입니다.

Я остановлюсь в отеле ~.

야   아스타나블류쓰   브   아쩰례~

06. 며칠(얼마) 동안 머물 예정입니까?

Как долго ты собираешься
각 돌고 트 소비라에샤

здесь оставаться?
즈제씨 오스타바쟈

07. 탑승권을 보여주시겠습니까?

Могу ли я взглянуть на ваш
마구 리 야 브즈글랴느찌 나 바쉬

посадочный талон, пожалуйста?
빠사도취느이 딸론, 빠좔루이스타?

93

08. 신고해야 할 물건이 있습니까?

Нет ли у вас вещей для
녯 리 우 바스 베쉐이 들랴

декларирования?
제클라리로바니야

17. 택시는 어디서 탑니까?

Где взять такси?
넷   따끼흐   베쉐이   우   미냐   넷

---

10. 관광 안내소는 어디에 있습니까?

Где находится Центр туристической информации?
그제 나호짓쨔 쪤뜨르 뚜리스찌치스꼬이 인파르마찌이

---

11. 약 5일간이요.

Пять дней.
빠찌   드녜이

94

---

12. 수화물은 어디서 찾습니까?

Где можно получить багаж?
그제   모쥐나   빨루취찌   바가쉬

---

18. 환전하는 곳은 어디예요?

Где можно поменять деньги?
어브메냐이째   젠기   빠촬루이스타

09. 좀 도와주세요.

Помогите, пожалуйста.

쉬또 우 바스 브 췌마단네

---

14. 가방안에는 뭐가 있죠?

Что у вас в чемодане?

에떠 포다록 들랴 마이흐 드루제이

---

15. 친구들에게 줄 선물입니다.

Это подарок для моих друзей.

모줴쩨 아트크리찌 췌마단

---

16. 가방을 열어주시겠어요?

Можете открыть чемодан?

그제 브쟈찌 딱시

---

09. 아니요. 없습니다.

Нет, таких вещей у меня нет.

그제 모쥐나 빠메냐찌 젠기

21. 얼마입니까?

Сколько?

브 고로드 호댜트 아프또부스

---

20. 시내 지도가 있습니까?

У вас есть карта города?

우 바쓰 에스쯔 까르따 고로다

96

13. 환전해 주십시오.

Обменяйте деньги, пожалуйста.

스꼴까

---

22. (주소를 보여주며) 이곳으로 가주십시오.

Идите сюда

이디테 슈다

단어만 말해도 통한다

관광	**Туризм** 뚜리즘
사업	**Бизнес** 비즈니스
신혼여행	**Свадебное путешествие** 스바제브노예 뿌쪠쉐스트비예
여권	**Паспорт** 싸브라니예
버스 정거장	**Автобусная остановка** 아프또부스나야 아스따놉까
환전소	**Пункт обмена валюты** 푼크트 아브맨아 발류뜨이
택시 정거장	**Остановка такси** 아스따놉까 딱시
지도	**Карта** 까르따

호텔

01. 체크인(체크아웃) 해 주십시오.

Можно ли заселиться (выехать) сейчас?
모쥬너   리   자셀리쨔   (브셀리쨔)   세이차스

---

02. 싱글 룸(트윈 룸)을 원합니다.

Мне нужен одноместный номер.
므녜   뉘쥔   아드나메스트느이   노메르

---

03. 너무 비싸지 않은 호텔을 찾고 있어요.

Я ищу недорогой отель
야   이슈   네도로고이   아뗄

98

---

04. 하룻밤 숙박료가 얼마입니까?

Сколько стоит одна ночь?
스꼴까   스또이트   아드나   노취

---

05. 어떤방을 원하세요?

Какой номер вы желаете?
까꼬이   노메르   븨   쥅라예쩨

06. 세탁서비스 되나요?

Можно ли воспользоваться
모쥐나   리   바스뽈조밧짜

сервисом химчитки?
세르비썸   힘취스트키

---

07. 인터넷을 사용할 수 있나요?

Можно ли воспользоваться
모쥐나   리   바스뽈조밧짜

интернетом?
인쩨르넷똠

---

08. 숙소를 하루 더 연장하고 싶습니다.

Я хочу остаться ещё на одну ночь.
야   하추   아스탓짜   이쇼   나   아드누   노취

---

09. 이건 무슨 요금입니까?

Что это за тариф?
쉬또   에떠   자   따리프

10. 택시를 불러 주시겠어요?

Можете вызвать такси?
모줴쩨　　　브이즈바찌　　　딱시

---

11. 공항까지 택시로 몇 분 정도 걸립니까?

Сколько требуется минут, чтобы
스꼴까　　　트레부에쨔　　미눗　　슈또브

добраться до аэропорта на такси?
다브랏쨔　　도　　아에로뽀르따　나　딱시

---

12. 방에 놓고 온 물건이 있습니다.

Я оставил кое-что в комнате.
야　　어스타빌　　　꼬에슈또　브　　곰나테

음식점

음식점

01. 주문하시겠습니까?

Вы готовы сделать заказ?
비 가토브이 스젤라찌 자카즈

02. 메뉴판을 보여 주세요.

Дайте, пожалуйста, меню.
다이쩨 빠좔루이스타 메뉴

03. 이것과 같은 것으로 주세요.

Мне, пожалуйста, то же самое.
므녜 빠좔루이스타 또 줴 싸모예

101

04. 정말 맛있습니다.

Очень вкусно.
오친 브꾸스나

05. 이건 요리는 뭔가요?

Что это такое?
쉬또 에떠 따꼬예

06. 음료는 뭘로 하시겠어요?

Что будете пить?

쉬또 　　부제찌 　　삐찌

---

07. 더 필요하신 건 없습니까?

Что-нибудь ещё?

쉬또 　　니부찌 　　이쇼

---

08. 계산 좀 부탁합니다.

Счёт, пожалуйста.

숏 　　　빠좔루이스타

---

09. 진부 일마입니까?

Сколько всего?

쓰꼴까 　　브셰보

---

10. 팁이 포함된 금액인가요?

Сюда включены чаевые?

슈다 　　브클류첸느이 　　챠예브이예

11. 이 지역의 특산 요리는 무엇입니까?
Какие здесь местные
까끼예   즈제씨   메스트느에

блюда?
블류다

12. 여기에서 드세요, 가지고 가세요?
Будете есть здесь или заберёте
부제쩨   예스찌   즈제시   일리   자베료쩨

с собой?
스 싸보이

13. 가지고 갈 거예요.
С собой.
스 싸보이

14. 와인 주세요.
Дайте, пожалуйста, вино.
다이쩨   빠좔루이스타   빈노

15. 생맥주 한 잔 주세요.

Дайте, пожалуйста, стакан
다이쩨 빠좔루이스타 스따깐

разливного пива.
라즐리브나바 삐바

---

16. 한 잔 더 주세요.

Дайте, пожалуйста, ещё стакан.
다이쩨 빠좔루이스타 이쇼 스따깐

---

17. 신용카드도 사용할 수 있습니까?

Могу ли я использовать
마구 리 야 이스폴저바찌

кредитную карту?
끄레지뜨누유 까르뚜

단어만 말해도 통한다

소시지	**Колбаса** 깔바사
청어 샐러드	**Сельдь под шубой** 셀리지 빠드 슈보이
맥주	**Пиво** 삐바
홍차	**Чёрный чай** 쵸르느니 차이
녹차	**Зелёный чай** 질료느이 차이
건배!	**Тост!** 또스트!
영수증	**Чек** 췌크
와인	**Вино** 빈노

01. 길 좀 알려 주시겠어요?

Можете показать дорогу?
모줴쩨　　　　빠카자찌　　　다로구

02. 교통지도가 필요합니다.

Мне нужна карта.
므녜　　　누쥐나　　　까르따

03. ~행 표를 주십시오.

Дайте, пожалуйста, билет ~
다이쩨　　　　빠좔루이스타　　　　빌레뜨

106

04. 가장 가까운 역은 어디입니까?

Где ближайшая станция метро?
그제　　　블리좌이솨야　　　스딴찌야　　　메트로

05. 매표소는 어디입니까?

Где находится касса?
그제　　　나호짓짜　　　까사

06. 버스로 갈 수 있습니까?

Как можно туда добраться на автобусе?

까끄 모쥐나 투다 다브랏짜 나 아프또부세

---

07. 얼마입니까?

Далеко ли отсюда?

달례꼬 리 앗슈다

---

08. 여기에서 걸어서 갈 수 있습니까?

Можно ли добраться пешком?

모쥐나 리 다브랏짜 피쉬콤

107

---

09. 길을 잃어버렸습니다.

Я заблудился.

야 자블루딜쌰

---

10. 요금은 얼마입니까?

Сколько стоит проезд?

스꼴까 스또이트 쁘라예즈드

11. 이곳에 데려다 주시겠어요?

Отвезите меня, пожалуйста,
아트베지쩨 미냐 빠촬루이스타

сюда.
슈다

12. ~로 가는 버스는 어느 것입니까?

Какой автобус едет до~
까꺼이 아프또부스 에디트 도

13. 다음은 무슨 역입니까?

Какая следуюшая станция?
까까야 슬레두유샤야 스딴찌야

14. 어디에서 갈아타나요?

Где нужно сделать
그제 누쥐나 스젤라찌

пересадку?
뻬레사드쿠

15. 도착하면 알려주세요.

Сообщите, пожалуйста, когда
사아브쉬쩨 빠쫠루이스타 까그다

будет моя остановка.
부제트 마야 아스타노프카

---

16. 몇 시에 출발합니까?

Во сколько отправление?
보 스꼴까 어트플아블레니에

---

17. 왕복입니다 / 편도입니다.

Туда и обратно/ В одну сторону.
투다 이 아브라트나 브 아드누 스토론누

---

18. 편도(왕복)입니까?

В одну сторону
브 아드누 스토론누

(туда и обратно)?
(투다 이 아브라트나)

19. 편도 요금은 얼마입니까?

Сколько стоит билет в одну
스꼴까　　스토아트　　빌렛　　브　아드누

сторону?
스토론누

20. (주소를 보여주며) 이곳으로 가주십시오.

Отвезите меня, пожалуйста,
아트베지쩨　　　미냐　　　　빠좔루이스타

по этому адресу.
빠　　에따무　　아드레수

110

21. 기차를 잘못탔어요.

Я ошибся поездом.
야　　아십샤　　　뽀예즈돔

22. 택시 승강장은 어디입니까?

Где стоянка такси?
그제　　스토양카　　딱시

23. 공항까지 몇 분 정도 걸립니까?

Сколько требуется времени,
스꼴까　　　　트레부에쨔　　　브레메니

чтобы добраться до аэропорта?
슈또브　　　다브랏쨔　　도　　아에로쁘르따

24. 신용카드를 주시겠어요?

Дайте, пожалуйста, кредитную
다이쩨　　　빠좔루이스타　　　크레지트누유

карту.
까르뚜

111

25. 차는 어디에서 빌릴 수 있습니까?

Где я могу арендовать автомобиль?
그제 야　머구　　아렌도바찌　　　아프타마빌

26. 7일이요.

На одну неделю.
나　아드누　네젤류

단어만 말해도 통한다

지하철	**метро** 메트로
매표소	**касса** 까사
요금	**стоимость** 스또이모스찌
출구	**выход** 브이호드
개찰구	**турникет** 뚜르니케트
갈아타다	**делать пересадку** 젤라찌 삐레싸드쿠
잘못타다	**неправильно садиться.** 네프라빌나 싸짓짜
미안해요	**извините** 이즈비니쩨

01. 관광안내소는 어디입니까?

Где находится туристическое
그제 나호짓짜 뚜리스찌췌스코예

бюро?
뷰라

02. 경치가 좋은 곳은 어디입니까?

Что вы рекомендуете
쉬또 비 레카멘두예쩨

посмотреть?
빠스마뜨레찌

113

03. 여기에서 걸어서 갈 수 있습니까?

Можно ли дойти туда пешком?
모쥐나 리 다이찌 투다 피쉬콤

04. 입장료는 얼마입니까?

Сколько стоит входной билет?
스꼴까 스또이트 브호드노이 빌레트

05. 제 사진을 찍어 주시겠습니까?

Можно вас попросить
모쮜나　　바스　　빠프라시찌

сфотографировать?
스포토그라피로바찌

---

06. 저와 함께 사진을 찍지 않겠습니까?

Можно с вами
모쮜나　스　바미

114

сфотографироваться?
스포토그라피로밧짜

---

07. 짐 맡기는 곳이 있나요?

Где находится камера хранения?
그제　　나호짓짜　　까메라　　흐라네니야

---

08. 화장실은 어디에 있습니까?

Где туалет?
그제　　뚜알렛

09. 몇 시까지 버스로 돌아와야 합니까?

В котором часу я должен
브　　꼬토롬　　　차수　야　　돌젠

вернуться в автобус?
벨누쨔　　　브　　아프또부스

---

10. 인기 좋은 투어를 소개해 주십시오.

Расскажите, пожалуйста,
라쓰까지테　　　　　빠좔루이스타

о популярных экскурсиях.
어　　포풀랴르느흐　　　엑스쿨씨야흐

115

---

11. 1일 코스가 있습니까?

Есть ли маршрут на 1 день
에스쯔　리　　　말슈루트　　나 아진　젠

---

12. 몇 시까지 합니까?

До которого часа?
도　　꼬토로고　　　차사

13. 지금 표를 살 수 있나요?

Можно ли сейчас купить билет?

모쥐나   리   시촤스   쿠피찌   빌레트

---

14. 예약했는데요.

Я забронировал.

야   자브라니로발

116

15. 몇 시경에 돌아옵니까?

Во сколько мне вернуться?

보   스꼴까   므녜   벨누쨔?

단어만 말해도 통한다

경기장	**стадион** 스타지온	
국립공원	**национальный парк** 나찌아날느이 빠르크	
백화점	**универмаг** 우니베르마그	
극장	**театр** 찌아뜨르	
박물관	**музей** 무제이	
미술관	**художественный музей** 후도줴스트벤느이 무제이	
고궁	**королевский дворец** 까랄레프스키 드바레츠	

01. 저것 좀 볼 수 있을까요?

Можно это посмотреть?
모쥐나　에떠　빠스마뜨레찌

02. 이것 좀 보여주세요.

Покажите, пожалуйста, это.
빠까쥐쩨　빠좔루이스타　에떠

118

03. 다른 것도 보여주세요.

Покажите, пожалуйста, другую
빠까쥐쩨　빠좔루이스타　드루구유

вещь.
베쉬

04. 좀 더 싼 걸 보여주세요.

Покажите, пожалуйста,
빠카쥐쩨　빠좔루이스타

что-нибудь подешевле.
쉬또　니부찌　빠줴쉐블레

05. 입어 봐도 되겠습니까?

Можно примерить?
모쥐나   쁘리메리찌

---

06. 할인된 가격인가요?

Есть на это скидка?
예스찌   나   에떠   스키드까

---

07. 가격을 조금 싸게 해주세요.

Я возьму это, если вы сделаете
야   바즈무   예슬리   븨   스젤라예쩨

скидку.
스키드꾸

---

08. 신용카드도 사용할 수 있습니까?

Можно оплатить кредитной
모쥐나   아쁠라찌찌   크레지트노이

картой?
까르또이

09. 너무 비싸요.

Слишком дорого.
슬리쉬콤　　　도로가

---

10. 이걸로 주십시오.

Я возьму это.
야　　바즈무　　에떠

120

11. 면세점이 있습니까?

Это беспошлинная вещь?
에떠　　　베스뽀쉴린나야　　　베쉬

---

12. 선물용으로 포장해 주세요.

Запакуйте это, пожалуйста, как подарок.
자빠꾸이쩨　에떠　　빠좔루이스타　깍　포다록

---

13. 의류 매장이 어디에 있나요?

Где находится отдел одежды?
그제　　　니호짓짜　　　앗씰　　아제쥐드이

14. M사이즈로 주세요.

Дайте, пожалуйста, М.

다이쩨　　　　빠좔루이스타　　　엠

---

15. 만져 봐도 되겠습니까?

НМогу ли я потрогать?

마구　　리　야　　포트로가찌

---

16. 다른 스타일은 없나요?

Нет ли у вас других моделей?

넷　　리　우　바스　　드루기흐　　　마젤레이

121

---

17. 다른 색상은 없나요?

Нет ли у вас другой расцветки?

넷　　리　유　바스　　드루고이　　　라스쯔베트키

---

18. 잘 맞네요.

Вам очень идёт.

밤　　오친　　이죠트

19. 운동화를 찾고 있어요.

Мне нужны кроссовки.
므녜　누쥬느이　크라소프키

---

20. 발 사이즈가 어떻게 되세요?

Какой у вас размер ноги?
까꼬이　우　바스　라즈메르　나기

---

21. 이걸 한 번 신어 보세요.

Примерьте, пожалуйста, это.
쁘리메리쩨　빠촬루이스타　에떠

---

22. 과일은 어디에 있나요?

Где можно купить фрукты?
그제　모쥬나　쿠피찌　프룩뜨이

---

23. 얼마입니까?

Сколько стоит?
스꼴까　스또이트

24. 화장품 코너는 어디에 있나요?

Скажите, пожалуйста,
스카쥐쩨　　　　　빠쫠루이스타

где находится отдел косметики?
그제　　　나호짓짜　　　앗젤　　　카스메찌키

25. 환불 할 수 있어요?

Можно ли получить деньги
모쥐나　　리　　빨루취찌　　　젠기

обратно?
아브라트나

123

26. 샘플 발라 봐도 되나요?

Можно намазать пробник?
모쥐나　　나마자찌　　프로브니크

27. 이거 반품해주세요.

Я хочу вернуть товар.
야　하추　　베르누찌　　따바르

28. 사이즈를 바꿔 주세요.

Можно поменять на другой
모쥐나 　　빠미냐찌　　나　드루고이

размер?
라즈메르

---

29. 영수증도 함께 주십시오.

У вас есть чек?
우　바스　예스찌　췌크

크다	**большой** 발쇼이
작다	**маленький** 말린끼
길다	**длинный** 들린느이
짧다	**короткий** 까로트끼
비싸다	**дорогой** 다라고이
싸다	**дешёвый** 제쇼브이
빨강	**красный** 크라스느이
녹색	**зелёный** 질료느이

노랑	**жёлтый** 죨뜨이
분홍	**розовый** 로조브이
갈색	**коричневый** 까리취녜브이
회색	**серый** 쎄르이
흰색	**белый** 벨르이
검은색	**чёрный** 쵸르늬이
바지	**брюки** 브류키
청바지	**джинсы** 쥔스이

단어만 말해도 통한다

치마	**юбка** 유브카
원피스	**платье** 쁠라찌예
반팔 티셔츠	**майка** 마이카
할인	**скидка** 스키드까
구두	**туфли** 뚜플리
운동화	**кроссовки** 크라쏘프키
쇼핑백	**пакет** 파케트
면세	**без пошлины** 베스 뽀쉴린느

단어만 말해도 통한다

부츠	**ботинки** 바찐끼
양말	**носки** 나스끼
스타킹	**чулки** 출끼
영수증	**чек** 췌크
스킨	**кожа** 꼬좌
수분크림	**увлажняющий крем** 우블라쥐냐유쉬 크림
향수	**духи** 두히
립스틱	**помада** 빠마다
화장품	**косметика** 카스메찌카

01. 경찰서는 어디에 있습니까?

Где здесь отделение полиции?

그제 　즈제시 　앗젤레니에 　폴리찌이

---

02. 교통사고가 났습니다.

Произошла авария.

프러이저쉴라 　아바리야

---

03. 도둑이야! 도와주세요!

Вор! Помогите!

보르 　빠마기쩨

129

---

04. 그것을 찾도록 도와주세요.

Помогите, пожалуйста, найти это.

빠마기쩨 　빠좔루이스타 　나이찌 　에떠

---

05. 조심하세요!

Осторожно!

아스타로쥐나

06. 병원으로 데려가 주십시오.

Отвезите, пожалуйста,
아트베지쩨　　　　빠좔루이스타

в больницу
브　　발니쭈

---

07. 찾으면 여기로 연락주세요.

Позвоните, пожалуйста,
빠즈바니쩨　　　　빠좔루이스타

по этому номеру, если найдёте.
빠　에떠무　노메루　예슬리　나이죠쩨

130

---

08. 약을 주십시오.

Дайте, пожалуйста, лекарство
다이쩨　　　빠좔루이스타　　　리까르스뜨버

---

09. 여권을 잃어버렸습니다.

Я потерял паспорт.
야　　빠쩨럌　　빠스뽀르트

10. 지갑을 도난당했습니다.

У меня украли кошелёк.
우 미냐 우크랄리 까쉴료크

11. 가방을 잃어버렸습니다.

Я потерял сумку.
야 빠쩨럀 쑴꾸

12. 분실 신고서를 써 주세요.

Подайте заявку о потере.
빠다이쩨 자야프쿠 아 빠쩨레

131

13. 경찰을 불러주세요.

Вызовите полицию.
브이자비쩨 폴리찌유

14. 약국은 어디에 있습니까?

Где находится аптека?
그제 나호짓쨔 압쩨까

15. 너무 아파서 움직일 수가 없어요.

Слишком больно, Я не могу

슬리쉬꼼　　　볼너　　야　네　마구

двигаться.

드비갓짜

16. 의사를 빨리 불러주세요.

Вызовите врача как можно

브이자비쩨　　　브라차　　깍　　모쥐나

132

скорее.

스까레예

17. 구급차를 불러주세요.

Вызовите скорую помощь.

브이자비쩨　　　스꼬루유　　　뽀모쉬

18. 여기가 아픕니다.

У меня болит здесь.

우　　미냐　　　발리트　　　즈제시

19. 열이 있습니다.

У меня температура.

우　미냐　　　쩸뻬라뚜라

---

20. 감기에 걸린 것 같습니다.

Похоже, у меня простуда.

포허제　　우　미냐　　쩸뻬라뚜라

단어만 말해도 통한다

경찰서	**отделение полиции** 앗젤레니에 폴리찌이	
경찰	**полиция** 폴리찌야	
병원	**больница** 발니짜	
약국	**аптека** 아쁘쩨까	
의사	**врач** 브라취	
대사관	**посольство** 빠쏠스트바	
아픈	**Больной** 발노이	
오한이 나는	**лихорадочный** 리하라다취느이	

134

단어만 말해도 통한다

감염	**заражение** 자라줴니예	
출혈	**кровотечение** 크라바쩨췌니예	
사고	**Авария** 아바리야	
소화불량	**Расстройство пищеварения** 라쓰토로이쓰토버 피쇠바레니야	

01. 수화물이 있습니까?

У вас есть багаж?

우 바쓰 에스쯔 바가쉬?

---

02. 등록 할 수화물이 없습니다.

У меня нет багажа для регистрации

우 미냐 녯 바가좌 들랴 레기쓰트라찌이

136

03. 국제선 터미널은 어디인가요?

Где находится международный

그제 나호짓짜 메쥐두나로드느이

терминал аэропорта?

제르미날 아에라뽀르따

---

04. 비행기 편명과 시간을 알려 주십시오.

Пожалуйста, сообщите мне

빠좔루이스타 서어브쉬테 므네

номер рейса и время.

노멜 레이싸 이 브레먀

05. 곧 탑승을 시작하겠습니다.

Скоро начнётся посадка.

스꼬라　　나취놋짜　　빠싸드까

06. 좀 도와주세요.

Помогите, пожалуйста.

빠마기쩨　　　빠좔루이스타

07. ~항공의 카운터는 어디입니까?

Где находится стойка~?

그제　　나호짓쨔　　스토이카

137

루블과 숫자 익히기

1Rub
1 рубль
아진 루블

2Rub
2 рубля
드바 루블랴

5Rub
5 рублей
빠찌 루블레이

10Rub
10 рублей
제샤찌 루블레이

50Rub
50 рублей
삐찌제샤트 루블레이

100Rub
100 рублей
스또 루블레이

500Rub
500 рублей
삣소뜨 루블레이

1000Rub
1000 рублей
뜨이시챠 루블레이

5000Rub
5000 рублей
빠찌뜨이샤치 루블레이

루블과 숫자 익히기

1	**один** 아진
2	**два** 드바
3	**три** 뜨리
4	**четыре** 취뜨리
5	**пять** 빠찌
6	**шесть** 쉐스찌
7	**семь** 쎔
8	**восемь** 붜씸

루블과 숫자 익히기

루블과 숫자 익히기

141

일본

삿포로

후쿠시마

도쿄

교토
오사카

후쿠오카

여행에서
필요한 표현

01. 안녕하십니까? (아침)
おはようございます。
오 하 요　　고 자 이 마 스

02. 안녕하십니까? (오후)
今日は。
곤 니 치 와

03. 안녕하십니까? (저녁)
今晩は。
곰 방 와

04. 안녕히 계세요.
さようなら。
사 요　　나 라

05. 안녕히 주무세요.
お休みなさい。
오 야스미 나 사 미

06. 감사합니다.
ありがとうございます。
아 리 가 토　 고 자 이 마 스

07. 아무것도 아니에요(천만에요).
どういたしまして。
도　이　 타 시 마 시 테

146

08. 실례합니다.
すみません。
스 미 마 센

09. 좋습니다.
よろしいです。
요 로 시 이 데 스

10. 부탁합니다.
どうぞ(お願いします)。
도　　조　　 (오네가이시마스)

11. 어떻게 지냈어요?

お元気ですか。

오 겡 키 데 스 카

12. 이름은 무엇입니까?

お名前は何ですか？

오 나 마에와 난 데 스 카

13. 저의 이름은 ~입니다.

私の名前は～です。

와타시노 나 마에와 　 데 스

147

14. 네.

はい。

하 이

15. 아니요.

いいえ。

이 에

16. 만나게 되어 반갑습니다.

お会いできてうれしいです。

오 아 이 데 키 테 우 레 시 이 데 스

---

17. 잠시만 기다려주세요.

少々お待ちください。

쇼 쇼 오 마 치 쿠 다 사 이

---

18. 또 만납시다.

またお会いしましょう。

마 타 오 아 이 시 마 쇼 우

입국할 때

01. 여행 목적은 무엇입니까?

旅行の目的は何ですか？

료 코 노 모쿠테키와 난 데 스 카

02. 관광(비즈니스)입니다.

観光(ビジネス)です。

간 코 (비지네스) 데 스

03. 며칠(얼마) 동안 머물 예정입니까?

どのくらい滞在しますか？

도 노 쿠 라 이 다이자이시 마 스 카

149

04. 약 2주간입니다.

約二週間です。

야쿠 니 슈 칸 데 스

05. 신고해야 할 물건이 있습니까?

何か申告する物をお持ちですか？

나니카 신 코쿠스 루 모노오 오모치 데 스 카

06. 없습니다. (있습니다.)

いいえ、何もありません。(はい、あります。)

이 에　나니모 아리마 센　　(하이 아리마스)

---

07. 수화물은 어디서 찾습니까?

手荷物はどこで受け取れますか？

데 니 모츠 와 도 코 데 우 케 도 레 마 스 카

150

08. 환전해 주십시오.

両替をして下さい。

료 가에　시 테 구다 사 이

---

09. 친구들에게 줄 선물입니다.

友人へのプレゼントです。

유 진 에 노　프 레 젠 토　데 스

---

10. 일본돈으로 바꿔 주십시오.

細かくして下さい。

니 혼 엔 니 카 에 데　구다 사 이

11. 관광 안내소는 어디에 있습니까?

観光案内所はどこにありますか？

강 코 안나이쇼 와 도 코 니 아리 마 스 카

12. 시내 지도가 있습니까?

市内マップをいただけますか？

시 나이 맛 푸 오 이 타 다 케 마 스 카

13. ~에 가려면 어떻게 해야 합니까?

～へはどう行けばいいですか？

에 와 도 우 이 케 바 이 이 데 스 카

151

14. 택시는 어디서 탑니까?

タクシー乗り場はどこですか？

다 쿠 시　　노 리 바 와 도 코 데 스 카

15. ~호텔로 가 주십시오.

～ホテルまでお願いします。

마 데 어 네　　　　가 이 시 마 스

16. (주소를 보여주며) 이곳으로 가주십시오.

ここへ行きたいのですが。
고 코 에 이 키 타 이 노 데 스 가

17. 얼마입니까?

いくらですか？
이 쿠 라 데 스 카

18. 시내로 가는 버스가 있습니까?

市内に行くバスはありますか。
시 나이 니   이 쿠 바 스 와   아 리 마 스 카

단어만 말해도 통한다

여권	**旅券**
	료켄

입국심사	**入国審査**
	뉴코쿠신사

수화물증	**手荷物証**
	데니모츠쇼

스튜어드	**スチュアワード**
	스추와도

신문	**新聞**
	신분

153

지도	**地図**
	지즈

세관 신고서	**税関申告書**
	제이칸신코쿠쇼

수화물	**手荷物**
	데니모쓰

단어만 말해도 통한다

통화신고	**通貨申告** 츠와신코쿠
환율	**為替レート** 가와세레이토
바꾸다	**換える** 가헤루
현금	**現金** 겐킨
잔돈	**小銭** 고제니
택시 정거장	**タクシー乗り場** 다쿠시노리바
공항버스	**空港バス** 구코바스
요금	**料金** 료킨
환전소	**両替所** 료가에쇼

01. 하룻밤 숙박료가 얼마입니까?

一泊いくらですか？

잇 파쿠 이 쿠 라 데 스 카

02. 체크인 해 주십시오.

チェックインをお願いします。

젯 쿠 인 오 오 네가이 시 마 스

03. 식당은 어디에 있습니까?

食堂はどこにありますか？

쇼쿠 도 와 도 코 니 아 리 마 스 카

155

04. 숙소를 하루 더 연장하고 싶습니다.

宿泊を一日延ばしたいのですが。

슈쿠하쿠 오이치니치 노 바 시 타 이 노 데 스 가

05. 식당은 몇 시에 엽니까?

食堂は何時に開きますか？

쇼쿠 도 와 난 지 니 아 키 마 스 카

06. 오늘 밤(에) 호텔로 숙소를 예약하고 싶습니다.

今晩のホテルを予約した
곤 반 노 호 테 루 오 요야쿠 시 타

いのですか。
이 노 데 스 가

---

07. 너무 비싸지 않은 호텔을 찾고 있어요.

あまり高くないホテルを紹介
아 마 리 다카 쿠 나 이 호 테 루 오 쇼카이

156

して下さい。
시 데구다 사 이

---

08. 욕실(샤워실)이 달린 방으로 하고 싶습니다.

風呂(シャワー)付きの
후 로　　　(샤와)　　　츠 키 노

部屋にしたいのですが。
해 야 니 시 타 이 노 데 스 가

09. 싱글 룸(트윈 룸)을 원합니다.

一人部屋(二人部屋)

히 도 리 베 야 　 (후타리베야)

にしたいのですが。

니 시 타 이 노 데 스 가

---

10. 여기서 관광버스 표를 살 수 있습니까?

ここで観光バスのチケットが買え

고 코 데 칸 코 바 스 노 지 켓 토 가 가 에

ますか？

마 스 카

157

---

11. 공항까지 택시로 몇 분 정도 걸립니까?

空港までタクシーで何分くらい

쿠 코 마 데 타 쿠 시 데 난 푼 쿠 라 이

掛かりますか？

카 카 리 마 스 카

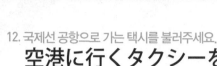

12. 국제선 공항으로 가는 택시를 불러주세요.

空港に行くタクシーを呼んでくだ
쿠 코 니 이 쿠 타 투 시   오 욘 데 테 구 다

さい。
스 카

13. 체크아웃 시간은 몇 시입니까?

チェックアウトタイムは
젯   쿠 아 우 토 타 이 무 와

何時ですか？
난 지 데 스 카

14. 방에 놓고 온 물건이 있습니다.

この荷物をロビーま
고 노 나 모 쓰 오 로 비 마

で運んでください。
데 하 콘 데 구 다 사 이

단어만 말해도 통한다

예약	**予約** 요야쿠
1인실	**一人部屋** 히토리베야
2인실	**二人部屋** 후타리베야
아동용 침대	**子供用ベッド** 고도모요벳도
욕실이 있는	**バス付き** 바스츠끼
아침식사	**朝食** 조쇼쿠
점심식사	**昼食** 주쇼쿠
저녁식사	**夕食** 유쇼쿠

단어만 말해도 통한다

해변가	**海の近く** 우미노치카구
1층	**一階** 잇카이
2층	**二階** 니 카이
지하	**地下** 지카
비상구	**非常口** 히조구치
식당	**食堂** 쇼쿠도
지배인	**支配人** 시하이닌
영수증	**領収書** 료슈쇼

단어만 말해도 통한다

화장실	**トイレ** 도이레	
시내통화	**市内通話** 시나이쓰와	
장거리 전화	**長距離通話** 조쿄리쓰와	
전화요금	**電話料** 덴와료	
우편물	**手紙** 데가미	
이발소	**理髪店** 리하츠텐	
미용실	**美容院** 비요인	
귀중품	**貴重品** 기초힌	

세금   **税金**
제이킨

우표   **切手**
깃테

서비스료   **サービス料**
사비스료

162

01. 몇 시까지 합니까?

何時まで開いていますか？

난 지 마 데 아 이 테 이 마 스 카

02. (식당주소를 가리키며) 그곳에 어떻게 가야 합니까?

そこへどうやって行くのですか？

소 코 에 도 우   얏   테 이 쿠 노 데 스 카

03. 메뉴판을 보여 주세요.

メニューを見せて下さい。

메뉴   오 미 세 테 구 다 사 이

163

04. 저는 정식메뉴로 하겠습니다.

私 は定食にします。

와타시 와 테 쇼쿠니 시 마 스

05. 이것과 같은 것으로 주세요.

これを下さい。

고 레 오 구 다 사 이

06. 미네랄워터를 주십시오.

ミネラルウォーターを下さい。

미 네 라 루　워 타　오 구다 사 이

07. 정말 맛있습니다.

とてもおいしいです。

도 테 모 오 이 시 이 데 스

08. 계산 좀 부탁합니다.

お勘定をお願いします。

오 칸 조 오　오 네가이 시 마 스

09. 전부 얼마입니까?

全部でいくらですか？

전 부 데 이 쿠 라 데 스 카

10. 신용카드도 사용할 수 있습니까?

クレジットカードは使えますか？

그 레 짓 토 카 도　와 쓰카 에 마 스 카

11. 이 근처에 있는 좋은 음식점(맛집)을 소개해 주세요.

この近くのよいレストラン

고 노 지카노요이 레스토랑

を教えてください。

오오시에 테 구 다 사 이

---

12. 저렴한 가격의 음식점을 소개 받고 싶습니다.

あまり高くないレストランが

아 마 리 다카쿠 나 이 레스토랑 오 가

いいです。

이 이 데 스

165

---

13. 이 지역의 특산 요리는 무엇입니까?

この土地の名物料理を

고 노 도 치 노 메이부츠료 리 오

食べたいのですが。

타 베 타 이 노 데 스 가

단어만 말해도 통한다

식당	**レストラン** 레스토란	
일품 요리점	**グリル** 구리루	
정식	**定食** 데이쇼쿠	
일품요리	**一品料理** 잇핀료리	
훈제연어	**スモークサーモン** 스모쿠사몬	
달걀 마요네즈	**卵とマヨネーズ和え** 다마고노마요네즈아에	
닭고기 스프	**チキンスープ** 지킨스프	
토마토 스프	**トマトスープ** 도마토스프	

166

야채스프	**野菜スープ**
	야사이스프

버섯스프	**きのこスープ**
	기노코스프

참치	**まぐろ**
	마구로

오징어	**いか**
	이카

새우	**えび**
	에비

송어	**マス**
	마스

연어	**サケ**
	사케

쇠고기	**牛肉**
	규니쿠

단어만 말해도 통한다

닭고기	**鶏肉** 도리니쿠	
양고기	**マトン** 마톤	
돼지고기	**豚肉** 부타니쿠	
오이	**きゅうり** 규리	
호박	**かぼちゃ** 가보차	
감자	**じゃがいも** 자가이모	
양파	**玉ねぎ** 다마네기	
당근	**にんじん** 닌진	

단어만 말해도 통한다

시금치	**ほうれんそう** 호렌소	
버섯	**きのこ** 기노코	
피망	**ピーマン** 피만	
사과	**りんご** 링고	
오렌지	**オレンジ** 오렌지	
배	**なし** 나시	
복숭아	**もも** 모모	
포도	**ぶどう** 부도	

수박	**すいか**
	스이카

딸기	**いちご**
	이치고

감	**かき**
	가키

끓인	**ゆでた**
	유데타

튀긴	**揚げた**
	아게타

찐	**蒸した**
	무시타

훈제한	**薫製にした**
	군세이니시타

구운	**よく焼いた**
	요쿠야이타

단어만 말해도 통한다

소금	**しお** 시오	
설탕	**砂糖** 사토	
간장	**しょうゆ** 쇼유	
식초	**酢** 스	
커피	**コーヒー** 고히	
홍차	**紅茶** 고차	
맥주	**ビール** 비루	
생맥주	**生ビール** 나마비루	

적포도주	**赤ワイン** 아카와인	
위스키	**ウィスキー** 위스키	
브랜디	**ブランデー** 부란데	
일본술	**日本酒** 니혼슈	
오렌지 쥬스	**オレンジジュース** 오렌지주스	

172

01. ~행 표를 주십시오.

~行きの切符を下さい。

이 키 노 깃 푸 오구다사 이

---

02. ~의 관광선에는 어떤 것들이 있습니까?

~の観光船には何がありますか？

노 간 코 센 니 와 나니 가 아 리 마 스 카

---

03. 차는 어디에서 빌릴 수 있습니까?

車はどこで借りられますか？

구루마와도코 데 카 리 라 레 마 스 카

173

---

04. 배는 어디에서 탑니까?

船の乗り場はどこですか？

후네노 노 리 바 와 도 코 데 스 카

---

05. 얼마입니까?

いくらですか？

이 쿠 라 데 스 카

06. 출항은 몇 시입니까?
出港時間は何時ですか？
슛 코 지 칸 와 난 지 데 스 카

07. 택시 승강장은 어디입니까?
タクシー乗り場はどこですか？
다쿠시　노리바와도코데스카

174

08. ~로 가는 버스는 어느 것입니까?
~へ行くバスはどれですか？
에 이 쿠 바스 와 도 레 데 스 카

09. 도착하면 알려주세요.
着いたら知らせて下さい。
츠 이 타 라 오 시 에 테 구 다 사 이

10. 표는 어디에서 삽니까?
チケットはどこで買いますか？
지 켓 토 와 도 코 데 가 이 마 스 카

11. 철도역은 어떻게 가야 합니까?

駅へはどう行くのですか？

에키에 와 도우이 쿠 노 데 스 카

---

12. 여기에서 가장 가까운 지하철역은 어디입니까?

ここから一番近い地下鉄の駅

고 코 카 라 이치 방 치카이 치카테츠 노 에키

はどこですか？

와 도 코 데 스 카

175

13. 지하철 표는 어디에서 사야 합니까?

地下鉄の切符はど

치카데스 노 킷푸 와 도

こで買えますか。

코 데 카 에 마 스 카

단어만 말해도 통한다

매표소	**切符売り場** 킷푸우리바	
전철역	**えき** 에키	
입구	**入口** 이리쿠치	
출구	**出口** 데구치	
환승	**乗り換え** 노리카에	
표	**票** 효	
버스 정거장	**バス停** 바스테이	
요금	**料金** 료킨	

단어만 말해도 통한다

편도	**片道** 가타미치
왕복	**往復** 오호쿠
고속도로	**高速道路** 고소쿠도로
좌측	**左側** 히타리가와
우측	**右側** 미기가와
맞은편	**向い側** 무카이가와
뒤쪽	**裏側** 우라가와
거스름돈	**おつり** 오쓰리

시내버스	**市内バス**
	시나이바스

성인	**大人**
	오토나

어린이	**子供**
	고도모

01. 관광안내소는 어디입니까?

観光案内所はどこですか？

간 코 안나이쇼 와 도 코 데 스 카

02. ~는 어디에 있습니까?

～はどこにありますか？

와 도 코 니 아 리 마 스 가

03. 경치가 좋은 곳은 어디입니까?

景色がいいのはどこですか？

게시키 카 이 이 노 와 도 코 데 스 카

179

04. 여기에서 걸어서 갈 수 있습니까?

ここから歩いて行けますか？

고 코 카 라 아루 이 테 이 케 마 스 카

05. 여기서 멉니까?

ここから遠いですか？

고 코 카 라 토 이 데 스 카

06. 버스로 갈 수 있습니까?

バスで行けますか？

바 스 데 이 케 마 스 카

---

07. 이 지도로 길을 가르쳐 주십시오.

この地図で教えて下さい。

고 노 지르데 모 시 에 테구다사 이

---

08. 입장료는 얼마입니까?

入場料はいくらですか？

뉴 조 료 와 이 쿠 라 데 스 카

---

09. 식사는 포함되어 있습니까?

食事は付いていますか？

쇼쿠지 와 쓰 이 데 이 마 스 카

---

10. 몇 시에 출발합니까?

出発は何時ですか？

슛 파쓰 와 난 지 데 스 카

11. 몇 시경에 돌아옵니까?

何時頃戻ってきますか？

난지 고 로 모 돗데 기 마 스 카

12. 택시로 관광하고 싶습니다.

タクシーで観光したいのですが。

다 쿠 시 데간코 시 다 이 노 데 스 카

13. 길을 잃어버렸습니다.

道に迷ってしまいました。

미치니 마 욧 테 시 마 이 마 시 타

181

14. 화장실은 어디에 있습니까?

お手洗いはどこにありますか？

오 테 아 라 이 와 도 코 니 아 리 마 스 카

15. 요금은 얼마입니까?

料金はいくらですか？

료 킨 와 이 쿠 라 데 스 카

16. 인기 좋은 투어를 소개해 주십시오.

人気のあるツアーを

닌 키 노 아루 츠아 오 쇼

紹介してください。

우카이 시 데 구 다 사 이

---

17. 1일 (반나절) 코스가 있습니까?

一日(半日)のコースは

이치니치 (한니치) 노　　고스　　와

ありますか？

아 리 마 스 카

182

---

18. 몇 시까지 버스로 돌아와야 합니까?

何時にバスに戻ってこればい

난 지 니 바 스 니 모돗　테 코 레 바 이

いですか？

이 데 스 카

19. 감사합니다. 오늘 정말 즐거웠습니다.

ありがとうございます。
아 리 가 토 고 자 이 마 스

今日はとても楽しかったです。
교 와 도 테 모 노 다 시 캇 타 데 스

---

20. 저와 함께 사진을 찍지 않겠습니까?

私といっしょに写真
와 다 시 토 잇 쇼 니 샤 싱

を撮りませんか？
오 토 리 마 센 카

183

---

21. 제 사진을 찍어 주시겠습니까?

私の写真を撮っていただけ
와 다 시 노 샤 신 오 돗 테 이 타 타 다

ませんか？
마 센 카

22. 주소를 이곳에 적어 주십시오.

住所をここに書いて

고 노 카 라 휘 루 무 오 겐 조 시

ください。

구 다 사 이

단어만 말해도 통한다

관광	**観光** 간코	
입장권	**入場券** 뉴조켄	
유람선	**遊覧船** 유란센	
안내원	**ガイド** 가이도	
명소	**名所** 메이쇼	
공원	**公園** 고엔	
박물관	**博物館** 하쿠부쓰칸	
입장료	**入場料** 뉴조료	

단어만 말해도 통한다

동물원	**動物園** 도부쓰엔	
식물원	**植物園** 쇼쿠부쓰엔	
유원지	**遊園地** 유엔지	
극장	**劇場** 게키조	
영화	**映画** 에이가	
호수	**湖** 미즈우미	
강	**川** 가와	
바다	**海** 우미	

단어만 말해도 통한다

항구	**湾** 완	
전람회	**展覧会** 덴란카이	
유적	**遺跡** 이세키	
시골	**田舎** 이니카	
산	**山** 야마	
연주회	**演奏会** 엔소카이	
축제	**祭り** 마쓰리	
전시회	**展示会** 텐지카이	

| 우체국 | **郵便局** |
| | 유빈쿄쿠 |

| 경찰서 | **警察署** |
| | 게이사쓰쇼 |

01. 이 근처에 쇼핑몰이 있습니까?

この辺にショッピングモールは

고 노 오도리　쇼 핑 몰 와

ありますか？

아 리 마 스 카

02. 이곳의 특산물은 무엇입니까?

この町の特産品は何ですか？

고 노마치 노 도 쿠 산히 와 난 데 스 카

03. 면세점이 있습니까?

免税店はありますか？

멘 세 텐 와 아 리 마 스 카

189

04. 만져 봐도 되겠습니까?

触れてもいいですか？

후 레 데 모 이 이 데 스 카

05. 이걸로 주십시오.

これを下さい。

고 레 오 구다 사 이

06. 이것과 같은 물건이 있습니까?
これと同じ物はありますか？
고 레 토 오 나지모노와 아 리 마 스 카

07. 입어 봐도 되겠습니까?
試着してみていいですか？
시차쿠 시 데 미 데 이 이 데 스 카

190

08. 별도로 선물 포장해 주십시오.
べつべつに包んで下さい。
베 쓰베 쓰 니 쓰즌 데 구 다 사 이

09. 가격을 조금 싸게 해줄 수 있습니까?
少し安くなりませんか？
스코 시 야 스 쿠나 리 마 센 카

10. 얼마입니까?
いくらですか？
이 쿠 라 데 스 카

11. 영수증도 함께 주십시오.

領収書も下さい。

료 슈 쇼 모 구다 사 이

단어만 말해도 통한다

백화점	**デパート** 데파도	
지갑	**財布** 사이후	
안경	**メガネ** 메가네	
남성복	**紳士服** 신시후쿠	
여성복	**婦人服** 후진후쿠	
아동복	**子供服** 고도모후쿠	
유아복	**ベビー服** 베비후쿠	
양말	**靴下** 구츠시타	

단어만 말해도 통한다

손수건	**ハンカチ** 한카치	
스카프	**スカーフ** 스카후	
장갑	**手袋** 데부쿠로	
모자	**帽子** 보시	
시계	**時計** 도케이	
반지	**指輪** 유비와	
귀걸이	**イアリング** 이아린구	
브로치	**ブローチ** 부로치	

단어만 말해도 통한다

보석	**宝石** 호세키	
금	**金** 킨	
은	**銀** 긴	
향수	**香水** 고스이	
만년필	**万年筆** 만넨히쓰	
연필	**えんぴつ** 엔피쓰	
우산	**傘** 가사	
큰/작은	**大きい / 小さい** 오오키이 / 치이사이	

194

단어만 말해도 통한다

긴/짧은	**長い / 短い**	노가이 / 미지카이
넓은/좁은	**広い / 狭い**	히로이 / 세마이
두꺼운/얇은	**厚い / 薄い**	아쓰이 / 우쓰이
흑색	**黒**	구로
흰색	**白**	시로
빨강	**赤**	아카
파랑	**青**	아오
노랑	**黄色**	기이로

단어만 말해도 통한다

분홍	**ピンク** 핀쿠
녹색	**緑** 미도리
회색	**灰色** 하이이로
갈색	**茶色** 자이로
면	**綿** 멘
마	**麻** 아사
견	**絹** 기누
가죽	**皮** 가와

196

단어만 말해도 통한다

| 모 | **ウール** |
| | 우루 |

| 구두가게 | **靴店** |
| | 구츠야 |

| 서점 | **書店** |
| | 쇼텐 |

| 식료품점 | **食料品店** |
| | 쇼쿠료힌텐 |

| 약국 | **薬局** |
| | 얏쿄쿠 |

| 현금 | **現金** |
| | 겐킨 |

| 여행자 수표 | **トラベラーズチェック** |
| | 도라베라즈젯쿠 |

| 면세 | **免税** |
| | 멘제이 |

| 영수증 | **領収書** |
| | 료슈쇼 |

| 싼 | **安い** |
| | 야스이 |

| 할인 | **割引** |
| | 와리비키 |

01. 공중전화기는 어디에 있습니까?

公衆電話はどこにありますか？

고 슈 덴 와 와 도 고 니 아 리 마 스 카

02. 여보세요, ~입니까?

もしもし、～ですか？

모 시 모 시　　　데 스 카

03. ~씨를 부탁합니다.

～さんをお願いします。

산　　오 오 네 가 이 시 마 스

04. 저는 ~입니다.

こちらは～です。

고 치 라 와　　데 스

05. 그(그녀)가 언제쯤 돌아옵니까?

いつ戻りますか？

이 츠 도 모 리 마 스 카

06. 우체국은 어디에 있습니까?
郵便局はどこですか？
유 빈 쿄 쿠 와 도 코 데 스 카

07. 그것을 속달로 보내주세요.
速達にしてください。
소 쿠 타 츠 니 시 테 구 다 사 이

08. 요금은 제가 지불하겠습니다.
料金は私が払います。
료 킨 와 와타시가하라 이 마 스

09. 저에게 전화해 달라고 전해 주십시오.
私に電話するようにつたえて
와타시니 뎅 화 스 루 요우니 츠 타 에 테

ください。
구 다 사 이

10. 와이파이에 연결할 수 있을까요?

ワイファイにつなげたいの

와이화이니츠　나게타이노

ですか？

데스카

11. ~로 국제 전화를 걸고 싶습니다.

～へ国際電話をかけたいの

에 코쿠사이뎅와 오 가 케 타 이 노

ですが？

데스카

공중전화	公衆電話 고슈덴와	
우체국	郵便局 유빈쿄쿠	
시내전화	市内電話 시나이덴와	
국제전화	国際電話 고쿠사이뎅와	
소포	小包 고즈쓰미	
우표	切手 깃테	
속달	速達 소쿠타쓰	
주소	住所 주쇼	

단어만 말해도 통한다

취급주의	**取り扱い注意** 도리아츠카이추이	
요금	**電報** 덴포	

사건 사고

01. 지갑을 도난당했습니다.
財布を盗まれました。
사이 후 오 누스 마 레 마 시 타

---

02. 경찰서는 어디에 있습니까?
警察署はどこですか？
게이사쓰 쇼 와 도 코 데 스 카

204

03. 그것을 찾도록 도와주세요.
探していただけますか。
사가 시 테 이 타 다 케 마 스 카

---

04. 언제쯤 연락받을 수 있습니까?
いつ頃連絡をもらえますか？
이 쓰 고로 렌 라쿠 오 모 라 에 마 스 카

---

05. 사고 증명서를 주십시오.
事故証明書を下さい。
지 코 쇼 메이쇼 오 구다 사 이

06. 교통사고가 났습니다.

交通事故が起きました。

고 쓰 지 코 가 오 키 마 시 타

---

07. 경찰을 불러 주십시오.

警察を呼んでください。

게이사츠오 욘 데 구 다 사 이

---

08. 병원으로 데려가 주십시오.

病院へ連れて行ってください。

보 인 에 츠 레 테 잇 테 구 다 사 이

205

---

09. 여기가 아픕니다.

ここが痛いです。

고 코 가 이타 이 데 스

---

10. 도와주세요.

助けてください。

다스 케 테 구 다 사 이

11. 의사를 불러 주십시오.

医師を呼んでください。

이 샤 오 욘 데 구 다 사 이

---

12. 열이 있습니다.

熱があります。

네츠가 아 리 마 스

206

13. 감기에 걸린 것 같습니다.

風邪をひいたみたいです。

가 제 오 히 이 타 미 타 이 데 스

---

14. 진단서를 주십시오.

診断書を下さい。

신 단 쇼 오 구 다 사 이

---

15. 이 처방전의 약을 주십시오.

この処方箋の薬を下さい。

고 노 쇼 호 센 노 구 스 리 오 구 다 사 이

16. 약은 어떻게 먹습니까?

どのように飲むのですか？
도 노 요 우 니 노 무 노 데 스 카

---

17. 여권을 잃어버렸습니다.

パスポートをなくしてしまった
파 스 포 토 　 오 나 쿠 시 테 시 　 맛 타

のですが。
노 데 스 　 가

단어만 말해도 통한다

의사	**医師** 이시	
약국	**薬局** 얏쿄쿠	
병원	**病院** 뵤인	
처방전	**処方箋** 쇼호센	
열	**熱** 네쓰	
체온계	**体温計** 다이 온 케이	

귀국

01. 그걸로 예약해 주십시오.

それを予約してください。
소 레 오 요야쿠 시 테 구 다 사 이

---

02. 비행기 편명과 시간을 알려 주십시오.

便名と時間を教えてください。
빔 메이 토 지 칸 오 오시 에 테 구 다 사 이

---

03. 체크인은 몇 시입니까?

チェックインは何時ですか？
쳇 쿠 인 와   난 지 데 스 카

209

---

04. 몇 시부터 탑승이 시작됩니까?

搭乗は何時に始まりますか？
도 조 와 난 지 니 하지마 리 마 스 카

---

05. 등록할 수화물이 없습니다.

預ける荷物はありません。
아즈 케 루 니 모쓰 와 아 리 마 센

06. 초과 요금은 얼마입니까?

超過料金はいくらですか？

조 카 료 킨 와 이 쿠 라 데 스 카

---

07. ~행 비행기를 예약하고 싶습니다.

～行きのフライトを予約し

이 키 노 후 라 이 토 오 요아쿠 시

たいのですが。

타 이 노 데 스 가

---

08. 다음 ~행 비행기는 언제입니까?

つぎの～行きのフライトは

츠 기 노   이 키 노 후 라 이 토 와

いつですか？

이 츠 데 스 카

～航空のカウンターはどこ
고 쿠 노　　　카 운 타　　와 도 코

ですか？
데 스 카

단어만 말해도 통한다

항공권	**航空券** 고쿠켄	
탑승권	**搭乗券** 도조켄	
공항	**空港** 구코	
예약	**予約** 요야쿠	
표	**票** 효	
편명	**便名** 빈메이	
시각표	**時刻表** 지코쿠효	
목적지	**目的地** 모쿠테키치	

memo

213

영국

애버딘

에딘버러

벨파스트

맨체스터

버밍엄

옥스포드

런던

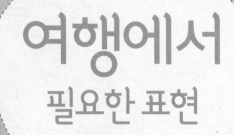

여행에서
필요한 표현

01. 안녕하십니까? (아침)

Good morning.
굿 　　　 모닝

02. 안녕하십니까? (오후)

Good afternoon.
굿 　　　 에프터눈

03. 안녕하십니까? (저녁)

Good evening.
굿 　　　 이브닝

217

04. 안녕히 계세요.

Good bye.
굿 　　 바이

05. 안녕히 주무세요.

Good night.
굿 　　 나잇

06. 행운을 빕니다.

Good luck!

굿   럭

---

07. 또 만납시다.

See you again.

시   유   어게인

---

08. 감사합니다.

Thank you.

땡   큐

218

09. 아무것도 아니에요(천만에요).

You are welcome.

유   아   웰컴

---

10. 실례합니다.

Excuse me.

익스큐즈   미

11. 좋습니다.
Alright (O.K.).
올 라잇(오우 케이)

12. 부탁합니다.
Please.
플리즈

13. 어떻게 지냈어요?
How are you?
하우   아   유

14. 네.
Yes.
예스

15. 아니요.
No.
노우

16. 이름은 무엇입니까?

What's your name?

왓츠   유어   네임

---

17. 저의 이름은 ～입니다.

My name is~.

마이   네임   이즈

---

18. 만나게 되어 반갑습니다.

Nice to meet you.

나이스   투   미츄

---

19. 잠시만 기다려주세요.

Just a moment, please.

저스터   모먼   플리즈

---

20. 앉아 주세요.

Sit down, please.

싯   다운   플리즈

01. 여행 목적은 무엇입니까?

What's the purpose of your visit?

왓츠　　　더　　　퍼포즈　　어브　유어　　비짓

02. 관광(비즈니스)입니다.

Sightseeing (business).

사잇싱　　　　　　(비즈니스)

03. 며칠(얼마) 동안 머물 예정입니까?

How long are you staying?

하우　　　롱　　아　　유　　　스테잉

221

04. 약 2주간입니다.

About two weeks.

어바웃　　투　　웍스

05. 환전해 주십시오.

I want to change money.

아이　원　　투　　체인지　　　머니

06. 달러(유로)로 바꿔주세요.

Change this into dollars (euro), please.
체인지　디스　인투　달러즈　(유로)　플리즈

---

07. 여행자 수표를 현금으로 바꿔 주십시오.

Cash a traveler's check, please.
캐쉬　어　트래블러즈　첵　플리즈

---

08. 잔돈으로 바꿔 주십시오.

Can you give me small change?
캔　유　기브　미　스몰　체인지

222

---

09. 관광 안내소는 어디에 있습니까?

Where is the tourist information?
웨어　이즈　더　투어리스트　인포메이션

---

10. 시내 지도가 있습니까?

Can you give me a city map?
캔　유　기브　미　어　시티　맵

11. ~에 가려면 어떻게 해야 합니까?

How can I get to~?

하우 캔 아이 켓 투~?

12. 시내로 가는 버스가 있습니까?

Is there an airport bus to the city?

이즈 데어 언 에어폿 버스 투 더 시티

13. 택시는 어디서 탑니까?

Where is a taxi stand?

웨어 이즈 어 택시 스탠드

223

14. ~호텔로 가 주십시오.

To ~ Hotel, please.

투~ 호텔 플리즈

15. 얼마입니까?

How much is it?

하우 머치 이짓

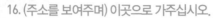

16. (주소를 보여주며) 이곳으로 가주십시오.

This is where I want to go.

디스 이즈 웨어 아이 원 투 고

---

17. 신고해야 할 물건이 있습니까?

Do you have anything to declare?

두 유 해브 애니싱 투 디클레어

---

18. 수화물은 어디서 찾습니까?

Where is the baggage claim area?

웨어 이즈 더 배기지 클레임 에어리어

---

19. 친구들에게 줄 선물입니다.

These are gifts for my friends.

디스 아 기프츠 포 마이 프렌즈

단어만 말해도 통한다

좌석번호	**Seat number** 시트 넘버
수화물증	**baggage tag** 배기지 택
승무원	**flight attendant** 플라잇 어텐던트
입국심사	**Immigration** 이미그레이션
여권	**Passport** 패스포트
세관 신고서	**Customs declaration** 커스텀즈 데클러레이션
수화물	**Baggage** 배기지
통화신고	**Currency declaration** 커런시 데클러레이션

환율	**Exchange rate**
	익스체인지 레잇

바꾸다	**Change**
	체인지

현금	**Cash**
	캐쉬

잔돈	**small change**
	스몰 체인지

환전소	**Money exchange**
	머니 익스체인지

택시정거장	**Taxi stand**
	택시 스탠드

공항버스	**Airport bus**
	에어폿 버스

요금	**Fare**
	페어

01. 하룻밤 숙박료가 얼마입니까?

How much is it per night?

하우　　머치　　이짓　　퍼　　나잇

---

02. 욕실(샤워실)이 달린 방으로 하고 싶습니다.

I'd like a room with bath (shower).

아이드 라이크 어　　룸　　위드　　배스　　(샤워)

---

03. 싱글 룸(트윈 룸)을 원합니다.

I'd like a single room (twin room).

아이드 라이크 어　싱글　　룸　　(트윈 룸)

227

---

04. 체크인 해 주십시오.

I want to check in.

아이　원투　　체킨

---

05. 식당은 어디에 있습니까?

Where is the dining room?

웨어　　이즈 더　　다이닝　　룸

06. 제게 온 우편물이 있습니까?

Is there any mail for me?

이즈 데어 애니 메일 포 미

---

07. 체크아웃 시간은 몇 시입니까?

When is check out time?

웬 이즈 체카웃 타임

---

08. 숙소를 하루 더 연장하고 싶습니다.

I want to stay one day longer.

아이 원 투 스테이 원 데이 롱거

---

09. 방에 놓고 온 물건이 있습니다.

I left something in my room.

아이 레프트 섬싱 인 마이 룸

---

10. 식당은 몇 시에 엽니까?

What time does the dining room open?

왓 타임 더즈 더 다이닝 룸 오우픈

11. 오늘 밤(에) 호텔로 숙소를 예약하고 싶습니다.

I'd like to book a hotel room for

아이드 라이크 투　　북　어　호텔　룸　포

tonight.

투나잇

---

12. 너무 비싸지 않은 호텔을 찾고 있어요.

Can you recommend a hotel

캔　유　　레커멘더　　호텔

which is not too expensive?

윗치　이즈　낫　투　　익스펜시브

229

---

13. 여기서 관광버스 표를 살 수 있습니까?

Can I get a ticket for the

캔 아이 겟 어　티킷　포　더

sightseeing bus here?

사잇싱　　버스　히어

단어만 말해도 통한다

예약	**Reservation** 레저베이션
1인실	**Single room** 싱글 룸
2인실	**Twin room** 트윈 룸
욕실이 있는	**With bath** 위드 배스
아침식사	**Breakfast** 브렉퍼스트
점심식사	**Lunch** 런치
저녁식사	**Dinner (supper)** 디너 (서퍼)
시가지 중심	**Downtown** 다운타운

단어만 말해도 통한다

해변가	**beach** 비이취	
1층	**First floor (ground floor)** 퍼스트 플로어 (그라운드 플로어)	
비상구	**Emergency** 이머전시	
식당	**Dining room** 다이닝 룸	
지배인	**Manager** 매니저	
영수증	**Receipt** 리시트	
화장실	**Toilet** 토일렛	
온수	**Hot water** 핫 워터	

231

단어만 말해도 통한다

시내통화	**Local call** 로컬 콜	
장거리 전화	**Long-distance call** 롱 디스턴스 콜	
전화요금	**Telephone charges** 텔레폰 차지스	
우편물	**Mail** 메일	
이발소	**Barber's shop** 바버스 숍	
미용실	**Beauty shop** 뷰티숍	
귀중품	**Valuables** 밸류어블즈	

01. 이 지방의 요리를 먹어보고 싶습니다.

I want to try the best local food.

아이 원 투 트라이 더 베스트 로컬 푸드

02. 저렴한 가격의 음식점을 소개 받고 싶습니다.

Someplace not too expensive.

섬플레이스 낫 투 익스펜시브

03. (식당주소를 가리키며) 그곳에 어떻게 가야 합니까?

How can I get there?

하우 캔 아이 겟 데어

04. 어느 정도 기다려야 합니까?

How long do we have to wait?

하우 롱 두 위 해브 투 웨잇

05. 몇 시까지 합니까?

How late are you open?

하우 레잇 아 유 오픈

06. 메뉴를 보여 주세요.

May I have a menu, please?

메이 아이 해브　어　메뉴　　플리즈

07. 이 지역의 특산 요리는 무엇입니까?

Do you have typical local dishes?

두　유　　해브　　티피컬　　로컬　　디쉬즈

08. 저는 정식으로 하겠습니다.

I'll have the table d'hôte.

아윌　해브　더　테이블　　도트

09. 이것과 같은 것으로 주세요.

I'll have this.

아윌　해브　디스

10. (고기는) 잘 (중간 정도/약간) 구워 주세요.

Well done (medium/rare), please.

웰　　던　　(미디엄/레어)　　플리즈

11. 정말 맛있습니다.

This is very tasty.

디스 이즈 베리 테이스티

12. 계산 좀 부탁합니다.

Can I have the bill, please?

캔 아이 해브 더 빌 플리즈

13. 전부 얼마입니까?

How much is it altogether?

하우 머치 이짓 올투게더

14. 식당이 모여있는 곳은 어디입니까?

Where is the best restaurant

웨어 이즈 더 베스트 레스트런트

area?

에어리어

15. 이 음식점에서 가장 잘하는 요리는 무엇입니까?

What's the speciality of the
왓스   더   스페셜티   어브 더

house?
하우스

---

16. 미네랄워터를 주십시오.

May I have a bottle of mineral
메이 아이   해버   바틀   어브   미네럴

water?
워터

단어만 말해도 통한다

식당	**Restaurant** 레스트런트
정식	**Table d'hôte** 테이블 도트
일품요리	**A la carte** 알라카트
훈제연어	**Smoked salmon** 스모크드 새먼
달걀 마요네즈	**Egg mayonnaise** 에그 메이어네즈
치즈	**Cheese** 치즈
닭고기 **스프**	**Chicken soup** 치킨 수웊
야채스프	**Vegetable soup** 베지터블 수웊

단어만 말해도 통한다

토마토 스프	**Tomato soup** 터마터우 수웊
참치	**Tuna** 튜너
새우	**Shrimp** 쉬림프
연어	**Salmon** 새먼
게	**Crab** 크랩
조개	**clam** 클램
송어	**Trout** 트라우트
쇠고기	**Beef** 비프

단어만 말해도 통한다

닭고기	**Chicken** 치킨
양고기	**Mutton** 머튼
돼지고기	**Pork** 포크
오리고기	**Duck** 덕
야채	**Vegetable** 베지터블
오이	**Cucumber** 큐컴버
호박	**Pumpkin** 펌킨
당근	**Carrot** 캐럿

시금치	Spinach
	스피니치

버섯	Mushroom
	머쉬룸

피망	Green pepper
	그린 페퍼

과일	Fruit
	프룻

사과	Apple
	애플

배	Pear
	페어

포도	Grape
	그레이프

수박	Watermelon
	워터멜런

딸기	**Strawberry**
	스트로베리

구운	**Baked**
	베이크트

끓인	**Boiled**
	보일드

튀긴	**Fried**
	프라이드

찐	**Steamed**
	스팀드

훈제한	**Smoked**
	스모크드

소금	**Salt**
	솔트

설탕	**Sugar**
	슈거

단어만 말해도 통한다

간장	Soy sauce 소이 소스
식초	Vinegar 비니거
후추	Pepper 페퍼
음료	Drinks 드링크스
홍차	Tea 티
맥주	Beer 비어
적포도주	Red wine 레드 와인
브랜디	Brandy 브랜디
생맥주	Draft beer 드래프트 비어

01. 철도역은 어떻게 가야 합니까?

Where is the railway station?

웨어　이즈　더　레일웨이　스테이션

---

02. 매표소는 어디입니까?

Where is the ticket office?

웨어　이즈　더　티킷　오피스

---

03. ～행 표를 주십시오.

Can I have a ticket to ~?

캔　아이　해버　티킷　투

243

---

04. 열차는 정각에 떠납니까?

Will the train leave on schedule?

윌　더　트레인　리이브　온　스케줄

---

05. 얼마입니까?

How much is it?

하우　머치　이짓

06. 배는 어디에서 탑니까?

Where can I board the ship?

웨어　　캔 아이 보드　　더　　쉽

---

07. 표는 어디에서 삽니까?

Where can I get a ticket?

웨어　　캔 아이 겟 어　티킷

---

08. 출항은 몇 시입니까?

What time does the ship leave?

왓　　타임　　더즈　　더　　쉽　　리이브

---

09. 차는 어디에서 빌릴 수 있습니까?

Where can I rent a car?

웨어　　캔 아이 렌터　　　카

---

10. 기름을 꽉 채워 주세요.

Fill it up, please.

필 잇 업　　플리즈

11. 지하철 표는 어디에서 사야 합니까?

Where can I get a subway ticket?

웨어　　 캔 아이 겟 어　섭웨이　　 티킷

---

12. 택시 승강장은 어디입니까?

Where is the taxi stand?

웨어　이즈 더　택시　스탠드

---

13. ~로 가는 버스는 어느 것입니까?

Which bus goes to ~?

윗치　　 버스　고우즈　투~

245

---

14. 몇 시까지 버스가 운행하나요?

What time do buses stop running?

왓　　 타임　두　버시즈　스탑　　 러닝

15. 여기에서 가장 가까운 지하철역은 어디입니까?

Where is the nearest subway

웨어　이즈　더　니어리스트　섭웨이

station?

스테이션

---

16. 도착하면 알려주세요.

Could you tell me when we

쿠주　텔　미　웬　위

get there?

겟　데어

---

17. 이 장소에 가려면 어디에서 환승해야 합니까?

Where should I transfer to go to

웨어　슈드　아이　트랜스퍼　투　고　투

this place?

디스　플레이스

단어만 말해도 통한다

매표소	**Ticket office** 티킷 오피스
안내소	**Information office** 인포메이션 오피스
기차역	**Railroad station** 레일로드 스테이션
입구	**Entrance** 엔트런스
출구	**exit** 엑싯
환승	**Transfer** 트렌스퍼
표	**ticket** 티킷
버스 정거장	**bus stop** 버스톱

단어만 말해도 통한다

요금	**Fare** 페어	
왕복표	**Round-trip ticket** 라운드 트립 티킷	
편도표	**One-way ticket** 원 웨이 티킷	
고속도로	**Expressway** 익스프레스웨이	
좌측	**Left side** 레프트 사이드	
우측	**Right side** 라잇 사이드	
뒤쪽	**Behind** 비하인드	
성인	**Adult** 어덜트	
어린이	**Child** 차일드	

01. 여기에서 걸어서 갈 수 있습니까?

Can I walk down there?

캔 아이 웍 다운 데어

---

02. 여기서 멉니까?

Is it far from here?

이짓 파 프롬 히어

---

03. 입장료는 얼마입니까?

How much is the entrance fee?

하우 머치 이즈 더 엔트런스 피

---

04. 이곳에 써 주시겠습니까?

Could you write it down here?

쿠주 라이팃 다운 히어

---

05. 버스로 갈 수 있습니까?

Can I go there by bus?

캔 아이고우 데어 바이 버스

06. 어떤 종류의 투어가 있습니까?

What kind of tours do you have?

왓 　 카인더브 　 투어스 　 두 　 유 　 해브

---

07. 식사는 포함되어 있습니까?

Are any meals included?

아 　 애니 　 미일스 　 인클루딧

---

08. 어디에서 출발합니까?

Where does it leave?

웨어 　 더짓 　 리이브

---

09. 몇 시에 출발합니까?

What time do you leave?

왓 　 타임 　 두 　 유 　 리이브

---

10. 몇 시경에 돌아옵니까?

What time do you come back?

왓 　 타임 　 두 　 유 　 컴 　 백

11. 요금은 얼마입니까?

How much is it?

하우　　머치　　이짓

---

12. 택시로 관광하고 싶습니다.

I'd like to go sightseeing by taxi.

아이드 라익 투 고　　　사잇싱　　　바이 택시

---

13. 감사합니다. 오늘 정말 즐거웠습니다.

Thank you. I had a great time.

땡　　　큐　아이 해더　　그레잇　　타임

---

14. 화장실은 어디에 있습니까?

Where is the restroom (toilet)?

웨어　　이즈　더　　　레스트룸　　　(토일럿)

---

15. 사진을 찍어도 좋습니까?

May I take a picture?

메이 아이　테이커　　　픽쳐

16. ~는 어디에 있습니까?

Where is the ~?

웨어 이즈 더

---

17. 길을 잃어버렸습니다.

I'm lost.

아임 로스트

---

18. 제 사진을 찍어 주시겠습니까?

Can you take a picture of me?

캔 유 테이커 픽처 어브 미

---

19. 저와 함께 사진을 찍지 않겠습니까?

Would you mind posing with me?

우주 마인드 포우징 위드 미

---

20. 당신의 사진을 찍어도 괜찮겠습니까?

May I take your picture?

메이 아이 테이 큐어 픽처

21. 사진을 보내겠습니다.

I'll send you the pictures.

아윌 샌드 유 더 픽쳐즈

---

22. 이 근처에 미술관이 있나요?

Is there any art museum near here?

이즈 데어 애니 아트 뮤지엄 니어 히어

---

23. 관광안내소는 어디입니까?

Where is the tourist information

웨어 이즈 더 투어리스트 인포메이션

office?

오피스

---

24. 경치가 좋은 곳은 어디입니까?

Where is the best place to enjoy

웨어 이즈 더 베스트 플레이스 투 인조이

a nice view?

어 나이스 뷰

25. 1일 (반나절) 코스가 있습니까?

Do you have a full day (half day)
두 유 해브 어 풀 데이 (하프데이)

tour?
투어

---

26. 인기 좋은 투어를 소개해 주십시오.

Could you recommend some
쿠주 레커멘드 섬

popular tours?
파퓰러 투어스

---

27. 몇 시까지 버스로 돌아와야 합니까?

By what time should I be back to
바이 왓 타임 슛 아이비 백 투

the bus?
더 버스

28. 실례합니다. ~로 가는 길을 가르쳐주세요.

Excuse me, could you tell me
익스큐즈   미   쿠주   텔 미

the way to the ~?
더   웨이 투 더

---

29. 지도로 길을 가르쳐 주십시오.

Could you show me the way on
쿠주   쇼우   미 더 웨이 온

this map?
디스   맵

255

---

30. 주소를 이곳에 적어 주십시오.

Could you write down the
쿠주   라잇   다운   디

address here?
어드레스   히어

단어만 말해도 통한다

관광	**Sightseeing** 사잇시잉	
입장권	**Ticket** 티킷	
유람선	**Sightseeing boat** 사잇시잉 보우트	
안내원	**Guide** 가이드	
명소	**Famous spots** 패이머스 스폿스	
공원	**Park** 파크	
미술관	**Art museum** 아트 뮤지엄	
박물관	**Museum** 뮤지엄	

단어만 말해도 통한다

시청	**City Hall** 시티 홀
궁전	**Palace** 팰리스
동물원	**Zoo** 쥬
식물원	**Botanical Garden** 보테니컬 가든
유원지	**Amusement park** 어뮤즈먼트 파크
극장	**Theatre** 띠어터
호수	**Lake** 레이크
강	**River** 리버

단어만 말해도 통한다

바다	**Sea** 시
다리	**Bridge** 브리지
항구	**Harbor** 하버
전시회	**Exhibition** 엑서비션
유적	**Remains** 리메인즈
탑	**Tower** 타워
시골	**Countryside** 컨추리사이드
영화	**Movie** 무비

단어만 말해도 통한다

사진	**Picture** 픽처
산	**Mountain** 마운튼
연주회	**Concert** 콘서트
축제	**Festival** 페스티벌
입장료	**Admission fee** 어드미션 피
우체국	**Post office** 포우스트 오피스
경찰서	**Police station** 폴리스 스테이션
도서관	**Library** 라이브러리

259

01. 면세점이 있습니까?

Is there a duty free shop?

이즈 데어 어 듀티 프리 숍

---

02. 잠깐 구경하고 있습니다. 감사합니다.

I am just looking.

아임 저스트 룩킹

---

03. 만져 봐도 되겠습니까?

Can I touch it a bit?

캔 아이 터치 잇 어빗

260

---

04. 입어 봐도 되겠습니까?

Can I try this on?

캔 아이 트라이 디스 온

---

05. 이걸로 주십시오.

I'll take this.

아윌 테익 디스

06. 선물용으로 포장해 주시겠습니까?

Can you wrap them separately?

캔 유 랩 뎀 세퍼레이틀리

---

07. 영수증도 함께 주십시오.

Can I have a receipt, please?

캔 아이 해버 리싯 플리즈

---

08. 가격을 조금 싸게 해줄 수 있습니까?

Can I get a little discount?

캔 아이 겟 어 리틀 디스카운트

---

09. 이것과 같은 물건이 있습니까?

Do you have one like this?

두 유 해브 원 라이크 디스

---

10. 얼마입니까?

How much is this?

하우 머치 이즈 디스

11. 이 근처에 쇼핑몰이 있습니까?

Is there a shopping mall around

이즈 　데어 　어 　　　쇼핑몰 　　　어라운드

here?

히어

---

12. 이곳의 특산물은 무엇입니까?

What is the specialty of this

왓 　이즈 더 　스페셜티 　　어브 디스

town?

타운

단어만 말해도 통한다

백화점	**Department store** 디파트먼트 스토어
슈퍼마켓	**Supermarket** 수퍼마켓
지갑	**Wallet** 월릿
안경	**Glasses** 글래시즈
남성복	**Men's clothes** 맨즈 클로우드스
여성복	**Ladies' wear** 레이디즈 웨어
아동복	**Children's clothing** 칠드런즈 클로우딩
유아복	**infant clothing** 인펀트 클로우딩

단어만 말해도 통한다

양말	**Socks** 삭스	
손수건	**Handkerchief** 행커치프	
장갑	**Gloves** 글러브즈	
스카프	**Scarf** 스카프	
모자	**Hat** 햇	
시계	**Watch** 워치	
반지	**Ring** 링	
귀걸이	**Earrings** 이어링즈	

브로치	**Brooch** 브로우치
보석	**Jewel** 쥬얼
금	**Gold** 고울드
은	**Silver** 실버
향수	**Perfume** 퍼퓸
비누	**Soap** 소웁
만년필	**Fountain pen** 파운튼 펜
연필	**Pencil** 펜슬

단어만 말해도 통한다

우산	**Umbrella** 엄브렐러	
큰/작은	**Large / small** 라지 / 스몰	
긴/짧은	**Long / short** 롱 / 쇼트	
넓은/좁은	**Wide / narrow** 와이드 / 네로우	
두꺼운 /얇은	**Thick / thin** 띡 / 띤	
흑색	**Black** 블랙	
흰색	**White** 화이트	
빨강	**Red** 레드	

파랑	**Blue** 블루	
노랑	**Yellow** 옐로우	
분홍	**Pink** 핑크	
녹색	**Green** 그린	
진녹색	**Dark green** 다크 그린	
연녹색	**Light green** 라이트 그린	
보라색	**Purple** 퍼플	
회색	**Grey** 그레이	

갈색	**Brown** 브라운	
면	**Cotton** 카튼	
마	**Linen** 리닌	
견	**Silk** 실크	
가죽	**Leather** 레더	
모	**Wool** 울	
구두가게	**Shoe shop** 슈 숍	
서점	**Bookstore** 북스토어	

단어만 말해도 통한다

보석가게	**Jeweller's** 쥬얼러즈
카메라 가게	**Camera shop** 캐머러 숍
식료품점	**Grocery shop** 그로우서리 숍
약국	**Pharmacy** 파머시
현금	**Cash** 캐쉬
여행자 수표	**Traveler's check** 트래블러즈 첵
면세	**duty-free** 듀티 프리
영수증	**Receipt** 리싯

비싼	**Expensive** 익스펜시브
싼	**Cheap** 칩
할인	**Discount** 디스카운트
예산	**budget** 버짓
탈의실	**fitting room** 피팅룸
면세점	**Duty Free Shop** 듀티 프리 숍

통신

01. 어디서 제 휴대폰을 고칠 수 있을까요?

Where can I fix my mobile phone?

웨어　캔 아이픽스 마이　모바일　포운

---

02. 여보세요 ~입니까?

Hello, is this ~?

헬로우　이즈　디스~

---

03. ~씨를 부탁합니다.

May I speak to ~?

메이 아이　스픽　투~

271

---

04. 저는 ~입니다.

This is ~ speaking.

디스 이즈~　스피킹

---

05. 그가 언제쯤 돌아옵니까?

When will he be back?

웬　월 히 비　백

06. 저에게 전화해 달라고 전해 주십시오.

Please tell him to call me back.
플리즈 텔 힘 투 콜 미 백

---

07. 와이파이에 연결할 수 있을까요?

Can I get a WiFi access?
캔 아이 겟 어 와이파이 억세스

---

08. 여기 와이파이 패스워드 좀 알려주시겠어요?

Can I have the WiFi password here?
캔 아이 해브 더 와이파이 패스워드 히어

---

09. 우체국은 어디에 있습니까?

Where is the post office?
웨어 이즈 더 포우스트 오피스

---

10. 그것을 속달로 보내주세요.

Can you send it express?
캔 유 샌드 잇 익스프레스

11. 추가 요금은 얼마입니까?

How much is the extra

하우　　머치　이즈　더　엑스트라

charge?

차지

---

12. 죄송합니다. 제가 전화를 잘못 걸었습니다.

I'm sorry, I have the wrong

아임　　쏘리　아이　해브　　더　　　롱

number.

넘버

273

---

13. ～로 국제 전화를 걸고 싶습니다.

I'd like to make an international

아이드 라익 투　　메이컨　　　　인터네셔널

call to ～

콜　　투

14. 우체국은 몇 시에 엽니까? (닫습니까?)

What time does the post office
왓 　 타임 　 더즈 　 더 　 포우스트 오피스

open (close)?
오우픈 　 (클로우즈)

단어만 말해도 통한다

공중전화	**public phone** 퍼블릭폰	
우체국	**post office** 포우스트 오피스	
시내전화	**local call** 로우클 콜	
장거리 전화	**Long distance call** 롱 디스턴스 콜	
국제전화	**International call** 인터내셔널 콜	
소포	**Parcel** 파슬	
속달	**Express** 익스프레스	
주소	**Address** 어드레스	
취급주의	**Handle with care** 핸들 위드 캐어	

사건사고

01. 여권을 잃어버렸습니다.
I lost my passport.
아이 로스트 마이 　 패스폿

02. 지갑을 도난당했습니다.
My purse was stolen.
마이 　 퍼스 　 워즈 　 스토울런

276

03. 경찰서는 어디에 있습니까?
Where is the police station?
웨어 　 이즈 　 더 　 폴리스 　 스테이션

04. 그것을 찾도록 도와주세요.
Could you help me to find it?
쿠주 　 유 　 헬프 　 미 　 투 　 파인 　 딧

05. (한국) 대사관은 어디에 있습니까?
Where is the (Korean) Embassy?
웨어 　 이즈 　 더 　 (커리언) 　 엠버시

06. 도와주세요(긴급상황).

Help me!
헬프　미

---

07. 도둑이야! 잡아라!

A robber! Catch him!
어　로버　　켓치　　힘

---

08. 교통사고가 났습니다.

A traffic accident happened.
어　트래픽　　액시던트　　해픈드

---

09. 병원으로 데려가 주십시오.

Could you take me to a hospital?
쿠주　　테익　미　투　어　하스피틀

---

10. 경찰을 불러 주십시오.

Please call the police.
플리즈　콜　더　폴리스

11. 여기가 아픕니다.
I have a pain here.
아이 해브 어 페인 히어

---

12. 서둘러 주십시오.
Please hurry up!
플리즈 허리 업

---

13. 응급조치를 부탁합니다.
Please give me first aid.
플리즈 기브 미 퍼스트 에이드

---

14. 의사를 불러 주십시오.
Please call a doctor.
플리즈 콜 어 닥터

---

15. 열이 있습니다.
I have a fever.
아이 해브 어 피버

16. 현기증이 납니다.

I feel dizzy.

아이 필 디지

---

17. 감기에 걸린 것 같습니다.

I caught a cold.

아이 코트 어 콜드

---

18. 진단서를 주십시오.

Can I have a medical certificate?

캔 아이 해브 어 메디컬 서티피킷

---

19. 처방전을 적어 주십시오.

Can you give me a prescription?

캔 유 기브 미 어 프리스크립션

---

20. 저는 ~ 에 알레르기가 있습니다.

I am allergic to ~

아이 엠 얼러직 투~

21. 약을 주십시오.

May I have medicine?

메이 아이 해브 메디신

22. 약은 어떻게 먹습니까?

How should I take this?

하우 슈드 아이테이크 디스

23. 이 처방전의 약을 주십시오.

Please fill this prescription.

플리즈 필 디스 프리스크립션

24. 언제쯤 연락받을 수 있습니까?

When can I have the

웬 캔 아이 해브 더

result?

리절트

25. 사고 증명서를 주십시오.

May I have a certificate of the
메이 아이 해브 어 서티피킷 어브 더

accident, please?
액시던트 플리즈

---

26. 배가 아픕니다. 약 좀 주십시오.

I have a stomachache. May I have
아이 해브 어 스타머케익 메이 아이 해브

some medicine?
섬 메디신

281

단어만 말해도 통한다

의사	**Doctor** 닥터	
약국	**Pharmacy** 파머시	
병원	**Hospital** 하스피틀	
처방전	**Prescription** 프리스크립션	
소화불량	**Indigestion** 인디제스천	
열	**Fever** 피버	
체온계	**Thermometer** 써모미터	
진통제	**painkiller** 페인 킬러	

01. ~행 비행기를 예약하고 싶습니다.

I want to book a flight to ~

아이 원 투 북 어 플라잇 투

---

02. 다음 ~행 비행기는 언제입니까?

When will the next flight leave for ~?

웬 월 더 넥스트 플라잇 리이브 포

---

03. 그걸로 예약해 주십시오.

Please book it for me.

플리즈 부킷 잇 포 미

---

04. ~항공의 카운터는 어디입니까?

Where is the ~ Airlines counter?

웨어 이즈 더 ~ 에어라인즈 카운터

---

05. 체크인은 몇 시입니까?

What's the check-in time?

왓츠 더 체킨 타임

06. 몇 번 게이트입니까?

What's the gate number?

왓츠 　 더 　 게잇 　 넘버

---

07. 등록 할 수하물이 없습니다.

I have no baggage to check.

아이 　 해브 　 노 　 배기지 　 투 　 첵

---

08. 비행기 편명과 시간을 알려 주십시오.

What's the flight number and

왓츠 　 더 　 플라잇 　 넘버 　 앤드

departure time?

디파처 　 타임

---

09. 초과 요금은 얼마입니까?

How much is the excess baggage

하우 　 머치 　 이스 디 　 익세스 　 배기지

charge?

차지

단어만 말해도 통한다

| 항공권 | **Airline ticket** |
| | 에얼라인 티킷 |

| 탑승권 | **Boarding pass** |
| | 보딩 패스 |

| 공항 | **Airport** |
| | 에어포트 |

| 예약 | **Booking** |
| | 부킹 |

| 표 | **Ticket** |
| | 티킷 |

| 편명 | **Flight number** |
| | 플라잇 넘버 |

| 시간표 | **Timetable** |
| | 타임 테이블 |

| 목적지 | **Destination** |
| | 데스티네이션 |

memo

memo

memo